KB253422

현대신서
15

일반미학

로제 카이유와

이경자 옮김

東文選

일반미학

Roger Caillois
ESTHÉTIQUE GÉNÉRALISÉE

© 1962 Éditions Gallimard

This book was published by arrangement
with Éditions Gallimard, Paris
through Korea Copyright Center, Seoul

서 문

형 태

미(美)

예 술

일반미학

서문

　이 책은 근원적으로 명확히 구분되는 두 가지의 연구를 담고 있다. 하나는 자연 형태에 대한 연구, 특히 풍경대리석이나 마노(瑪瑙)·귀갑석(龜甲石)의 무늬에 대한 연구이며, 다른 하나는 처음에는 모순적으로 보이는 현대 예술가들의 다양한 창작 태도에 대한 성찰이다.

　〈나비 날개 Les Ailes des papillons〉와 〈회화적 자연 Natura Pictrix〉이라는 두 논문(지금 이 두 논문은 《메두사와 그 부류 *Méduse et Cie*》라는 제목의 저서 안에 삽입되어 있다)과, 〈흔적 Les Traces〉이라는 제목의 세번째 논문(요즘 유행하고 있는 흐름인 자연 형태를 그대로 재현하기를 거부하는 회화의 토대에 대한 문제를 다양하게 다룬 연구서)에서, 나에게 강한 인상을 주었던 유사성과 모순점에 대하여 논하였다. 나는 나 자신이

화가의 자질을 가지고 있다고 평가받는 자연에서 배제되었다는 생각이 들었다.

이 연구를 하며 도처에서 놀라운 사실을 만나게 되었는데, 그 과정에서 나는 **문제를 넓게 확대시켜 최대한 보편적으로 다루어야 한다는** 사실을 알게 되었다. 게다가 방대한 자료의 숫자와 그 각각의 자료들이 서로 연관관계가 없다는 사실로 미루어 볼 때, 내가 다른 분야에서 사용하였던 방식에 도움을 청하는 것이 좋다는 결론에 도달하였다. 이 방식을 도입하여 나는 **여러 사실들을 한 번 더 전반적으로 살펴보고, 가능한 한 분류**하려고 노력하였다.

내 생각으로는, 이러한 시도가 이 시도의 대상이 보유하고 있는 성격과 잘 조화를 이루는 것처럼 보였다. 뿐만 아니라 엉켜 있는 실타래를 풀고서 제일 먼저 첫 개념을 정의하고, 그 개념을 따라가다가 필요할 경우 첫 개념이 복잡하게 얽혀드는 것을 최대한 막으면서, 꼭 필요한 개념의 논리를 전개시키는 데는 이 방법 외의 다른 방법이 없다고 확신하였다. 나는 별 노력 없이 현대 예술의 가장 무모한 현상까지 포함할 수 있는 미학의 초안을 잡고, 그것을 기초로 널리 인정받는 기존의 미학 이론보다 더 광범위한 미학 체계를 만드는 것이 적당하다고 생각하였다. 그 결과 본 연구의 발단이 되었던 인간이 **상상할 수 있는 형태의 형성 기원**에 대한 이론, 물론 미완성 상태이기는 하지만 체계가 잡힌 이론이 나오게 되었다.

이 이론에 의거하여, 형성 기원이 무엇이건간에 아름답다고 평가받는 형태들에 대한 연구인 미학의 영역과, 미학의 일부분에 지나지 않는 예술의 영역이 확연히 구분되었다. 예술의 영역이 미학의 일부분에 지나지 않는 이유는, 예술의 영역이 무생물계에서 **발견되는 미(美)와 경쟁을 벌일 수 있는 미를 창조하기 위한 인간의 노력(솔직히 말해 작업 능력을 지닌 모든 생명체의 노력)**을 표현하기 때문이다. 마침내 이러한 여러 선입견들이 논리의 한계에 몰렸을 때, 내가 이 선입견들의 '폭발점'이라 명명하는 것과 아울러, 미(美)를 창조하려는 이러한 야망이 나아갈 여러 방향에 대해 언급할 것이다. 나는 여러 선입견들이 논리의 한계에 치닫게 되는 바로 그 순간에 현대 예술과 접하게 되었고,

또한 바로 그 순간에 현대 예술이 미학적 모험을 시작한 이후로 기다려 왔던 자리를 발견하였다고 생각한다. 이처럼 이 책은 일반적인 것에서 특수한 것으로 연구가 진행된다. 이 책의 세 부분을 이루는 **형태·미·예술**은 광범위한 주제에서 한정된 주제로 점점 좁혀지며 전개된다.

　미란 인간이 느끼고 내리는 평가라 할지라도, 자연의 구조는 상상 가능한 모든 미의 출발점이며 최종적인 참조 목록이다. 하지만 인간이 바로 자연의 일부분이기 때문에 그 범위가 쉽게 제한되며, 인간이 미에 대해 느끼는 감정은 생명체라는 인간의 조건과 우주의 일부분에 지나지 않는다는 인간의 조건을 생각하게 할 뿐이다. 그 결과 자연이 예술의 모델이 되는 것이 아니라, 오히려 예술은 자연의 특수한 경우에 해당한다. 즉 예술이란 미학이 인간의 의도나 제작 행위라는 부차적인 검열 과정을 거치게 될 때 생기는 자연의 특수한 경우이다. 아주 단순해 보이는 이 사실은 중요한 의미를 지니고 있다.

*

　미학적 평가는 두 가지 기준에 의해 지배되는데, 이 두 기준은 완전히 반대되지 않을 때에도 부분적으로만 일치한다. 첫번째 기준은 예술가의 **소질이나 재능**을 강조하고, 두번째 기준은 **오브제의 완벽성**을 강조한다. 인간이 만든 작품에서는 필연적으로 이 두 기준이 일치된다. 우리는 완벽한 작품——걸작품——을 보고 작가의 재능을 평가하기 때문이다. 하지만 우리가 꽃이나 경치·구름·인간의 얼굴이 아름답다고 평가할 때, 인간적인 의미에서 말하는 솜씨나 의도가 제외된 채 은밀히 작업을 수행하는 말없는 익명의 힘인 자연만이 그것들의 창조 주체이다. 그래서 재능이나 극복된 난관·성공·긍정적인 대담성·영감(靈感)의 개념은 이 부분에서 그 의미를 잃게 되며, 따라서 의식과 의지가 모두 제외된다. 오브제를 평가하기 위해서는 감상자의 재량권만이 남게 된다. 그의 선택에 의해서만 어떤 하늘이나 어떤 화관(花冠), 어떤 반암(斑岩)이 감탄의 대상이 될 만한지 결정된다.

무(無)에서 끌어내어 창조된 인간의 작품은 인간의 자질—상상력과 작품 제작의 자질—에 따라 평가받기 때문에 실제로는 마찰이 없다. 반면 자연의 산물은 우연의 기적으로 간주되며, 그 누구도 이 우연을 유발시키지 않았다. 인간이 갖는 유일한 재능은, 그 우연을 구상하고 완수하는 것이 아니라 **발견하는** 것이다.

이 두 영역은 너무도 오랫동안 떨어져 있었기 때문에 두 영역 모두 별 어려움 없이 상반된 관점에 익숙해질 수 있다. 반면 요즈음 구상화가 아닌 회화는 문제를 제기한다. 그것은 우리가 제목이나 표지를 보지 않고서 화집을 들추어 볼 때 그림의 의미를 이해하는 데 어려움을 겪기 때문이거나, 어떤 그림들을 모방한 것인지 또는 기적과도 같은 자연을 모방한 것인지 판단을 내리고자 할 때 그림에 설명이 따르지 않기 때문이다. 지질학적인 단층, 인대(靭帶)나 점막(粘膜)의 미세한 구조는 예술의 시도를 예시하는 것 같다. 역사적으로 볼 때, 화가들은 수 차례에 걸쳐 이 설명 첨부라는 '개입 행위'에 회의를 품고서, 심지어는 화가들 자신이 다의성(多義性)을 유발시키거나 활력적으로 모호성을 조장시킴으로써 이 개입 행위를 유리하게 이용하였다. 의도적으로 모호성을 조장하는 이러한 행위는 무엇인가 시사하는 바가 크다. 이러한 **'배임 행위'는 현대 미술의 대담한 도전**을 알리며, 그 도전을 정당화하려는 의도를 더욱 잘 이해하게 해준다. 나는 이 도전이 몇몇 현대 작가들에게만 한정된 돌출 행위라고 생각지 않는다. 일반적으로 인간은 **재능과 성공의 세계 밖에서도**, 다시 말해 심사숙고 후에 투철한 의식을 가지고 이루어지는 창조의 영역 밖에서도, **미를 추구하고자 하는 욕구를 가지고 있다.** 인간은 아무 오브제나 골라 예술 작품이라 선언하기만 하면, 어떤 오브제라도 예술 작품이 될 수 있음을 여러 번 예감하였다. 즉 인간이 아무 오브제나 선택하여 그 오브제를 고립시켜서 어떤 배경에 담아내거나, 경우에 따라서는 그 오브제에 서명하기만 하면, 또는 인간이 외부적인 영향을 피해 그 오브제를 만들어 낼 수 있는 힘을 해방시켜 그 오브제의 출현을 도와 주었다는 이유만으로도, 어떤 오브제라도 예술 작품이 될 수 있음을 감지하였다. 그래서 인간은 예술로 승격된 오브제에 대한 자신의 책임성을 주장한다. 인간은 스스로를 오브제의 제작자, 즉 어원학적으로 중요성과 효력을 부여하는 인물을 의미하는 **증보자**(增補者)라고 선언한다. 자연에서 얻은 소재를 선택하든, 통제할 수 없는 힘의 영향을 받은 물체가 보유한 예측 불가능한 양상을 초래하는 수단을 선택하든, 이 선택 행위가 창조 행위로 간주되었다.

　이 점에서 독자는 내가 예술 형태나 자연이 제시하는 형태뿐만 아니라, **전적으로 가능한 모든 형태들**을 포괄할 수 있는 미학 원칙을 우선적으로 서술하려고 노력하는 이유를 이해할 것이다. 이같은 비상식적인 계획으로 말미암아, 나는 어쩔 수 없이 간결하게 표현할 수밖에 없었다. 무슨 수를 써서라도 간략하게 서술하고, 필요한 것만을 말하여야 했다. 중심에서 벗어나는 여담을 금하였을 뿐 아니라, 심지어는 논리 전개도 금하였다. 나는 문장을 되도록이면 짧게 자르고 압축시키려고 노력하여, 마침내는 독자가 핵심 단어나 중심 문구, 또는 언어상의 주분절(主分節)을 찾는 것을 돕기 위하여 검은색과 붉은색의 활판 인쇄를 부탁하여야 했다. 〔본 번역서에서는 진한 글자체로 처리하였다〕

I

형태

나는 우연이나 성장에 의해, 또는 계획이나 틀에 의해 형태가 만들어진다고 생각한다.

조약돌의 곡선이나 구름·불·폭포수의 가변적 구조 형태, 메마른 대지의 균열, 대리석의 무늬는 다양한 원인에 대한 결과로 생겨난다. 또는 여러 우연적 요인이 끼어들어 생겨난 결과이거나, 경쟁 관계에 있는 여러 힘 사이의 타협의 결과로, 또는 계산할 수는 있지만 계산할 필요가 없는 여러 균형과 파손·관성의 힘의 결과로 생겨난다. 사실상 불확실하지만 연속적으로 작용하는 경쟁적인 수많은 힘에 의해 결정되는 최종적인 형태는 필연적으로 우연의 소산임을 우리는 처음부터 알고 있다. 이 형태는 아무 의미 없는 형상에 도달한다. 이렇게 생겨난 형태는 무한하고 조화되지 않는 우연의 산물로서, 예측할 수 없이 추가·합성·분해된다.

이러한 관점에서 볼 때 **형태는 꿈의 이미지와 유사하며, 꿈이 지닌 매력을 가질 수도 있다.** 형태의 형성 과정은 어떠한 법칙의 지배도 받지 않는 동시에, **우연적으로 복잡하게 얽혀 있는 정체 모를 수많은 법칙을 따른다.** 형태는 **불가항력적인 결정론의 작용으로 탄생되었음을** 나는 잘 알고 있지만, 이 '제1단계 형태'는 근원적으로 우연의 소산으로 보는 편이 적당하다. 그러나 정확히 말해 결정론의 힘은 우연적이기는 하지만, 애초부터 결정된 우연이다.

이 형태들은 질서와 대칭·반복·리듬 등을 따르지 않는다. 형태가 이를 따른다면, 이상한 형태를 만들어 내는 것 같은 복잡한 원인들이 사실상 하나의 법칙을 따르고 있음을 의미할 것이다. 이러한 결론은 가정(假定)에 반대되는 것이다.

두 개의 돌구슬은 서로 비슷할 수는 있으나 똑같을 수는 없다. 구슬의 굴곡 무늬는 감지할 수 있는 미묘한 차이와, 유사한 기하학적 구조를 동시에 보여 준다. 분명히 두 개의 구슬은 유사한 조직을 가지고 있고, 같은 무기질로 덮여져 있으며, 동일한 힘으로 인하여 동심

원적 그물망 무늬가 새겨져 있다. 하지만 필연적으로 **각각의 구슬 표본은 유일한 것이다.** 완전히 똑같게 되려면 용인할 수 없는 기적이 일어나야 한다.

물론 나는 동질의 돌에서 동질의 장방형 조각과 얇은 석판을 잘라낼 수 있다. 그렇게 함으로써 나는 물질에 하나의 계획과 실행을 부가하는 것인데, 이 계획과 실행으로 말미암아 물체는 한 부류[綱]에서 다른 부류[綱]로 이동하게 된다.

*

모든 생물은 각자 고유의 **내부 법칙**에 따라 발전하고 움직인다. 종자 때부터 내부 법칙에 의하여 생물의 미래 형상이 정해진다. 작은 씨앗은 장차 생겨날 미지의 나무를 결정한다. 꽃은 각각의 씨앗 안에서 개화의 시기를 기다린다. 모든 염색체는 확고 부동한 하나의 운명을 내포하고 있다. 모든 종류의 새의 깃털, 모든 형태의 어류와 파충류의 표피, 나비 날개의 가장자리 무늬나 시맥(翅脈) 또는 색깔, 조개류의 나층(螺層)이나 패각(貝殻), 이 모든 것은 조그마한 세포에서 탄생된다. 한편 우리는 시간이 흐르더라도 대(代)를 이어 전승되는 어떤 특이한 모형의 끊임없는 증식 현상을 목격하게 된다. 역대의 호랑이들은 모두가 황색과 흑색의 얼룩무늬를 가지고 태어났다. 한 표본의 **반복**, 즉 무제한적인 증식만이 있는 것이 아니다. 게다가 이 표본은 **대칭**이라는 새로운 특성을 지닌다. 절대법에 의해 참으아리[덩굴식물로 야생종과 관상용이 있다]는 오각형 구조로 이루어지며, 추골(椎骨)에 측면 분열이 이루어진다. 물체는 양측으로 나뉘거나, 항상 홀수인 여러 축으로 나뉜다. 생명체에는 좌우뿐 아니라 전후·상하가 필요하기 때문이다. **생명체는 균등한 것이 아니라, 대칭과 방위를 모두 포함한다.**

이와 같은 결합에 의해 '제2단계 형태'는 성장 현상으로 정의된다. 다시 말해, 본래 모습을 그대로 간직하면서 이루어지는 발전 형태로 정의된다. 대부분의 경우, 생물은 성장을 하지만 외형이 눈에 띄게 변하지 않는다. 곤충은 최종적인 크기가 결정된 채 번데기에서 나오지만, 유충은 천천히 변화한다. 이처럼 형태를 동일하게 유지시키면서도 끊임없이 단계별로 변화·성장하는 능력은 생명체의 특성인 듯하다. 속살을 보호하는 조개껍질이 어떤 무기물을 함유하고 있든간에, 이 조개껍질은 버드나무의 나이테나 애벌레를 채우고 있는 연한 유동 물질과 동일한 법칙을 따르고 있다. 단단한 중심부로부터, 석회암은 성장 발전 단계 중 가장 단순한 단계인 대수적(對數的)인 나선과 최상의 구조를 부여하는 나선을 만들어 낸다. 여기에서 **역동적인 대칭**이 만들어졌다.

타체리아 분꽃은 나사못만큼이나 명확하고 기하학적이다. 하지만 타체리아 분꽃은 상충된 과정을 거쳐 다르게 태어났다. 그럼에도 결과가 동일함은 의미심장한 일이지만, 지금 나의 관심을 끄는 것은 진보 과정이다.

지각할 수 있는 법칙에 의해 한 생명체의 형체가 형성되었기 때문에, 그 생명체의 일부분이 잘려 나가게 되면 상상력이나 계산을 통하여 소실된 부분을 복구할 수 있다. 하지만 우연적으로 만들어진 '제1단계 형태'는 그렇게 할 수 없다. 게다가 생명체는 생명이 자리잡고 있는 주요 기관이 훼손되지 않았다면, 상처 부위나 소실 부위를 자체적으로 재생시켜 곧 원래의 전체 형태를 복구한다.

수정(水晶)도 이같은 재생 능력을 가지고 있다. 하지만 수정은 대칭 구조를 보여 주는 불활성(不活性) 단일 몸체이다. 그럼에도 불구하고 이 대칭 구조의 축과 면은 짝수로 이루어져 있다. 이 축과 면이 홀수가 아니라는 것은, 분명 다른 단계의 조직 특성을 지니고 있음을 나타내는 것과 같다. 하지만 수정은 좌측과 우측을 가지고 있고, 태어나서 성장하며, 스스로 상처를 치유한다. 수정이 살아 있는 생명체라고 암시하는 것은 절대 아니다. 수정에는 유연성·연약함·**죽음의 씨**를 담고 있다는 근본적인 특성이 결여되어 있다. 수정은 화학자들이 생명 탄생의 초기 단계에서 즐겨 관찰하는 불안정하고 미세한 움직임을 보이는 '겔(gel, 유동 물질)'과 정반대의 위치에 있다. 이러한 대조는 물체를 조직하기 위해서는 강력하면서도 확고 부동한 자율 법칙이 작용해야 한다는 사실을 강조한다. 자율 법칙을 통하여 수정의 주(柱)와 육각형과 사면체는 외부의 힘에 맹목적으로 영향을 받는 '제1단계 형태'처럼 우연적으로 생겨난 것이 아니라는 사실을 알게 된다.

다른 관점에서 살펴본 생명과 관련된 이 형태는 그 누구에 의해서 만들어진 것이 아니다. 이 생명체는 스스로 자신의 형태를 만드는 창조자처럼 보이지만, 절대적인 필요에 따르고 있다. 생명체의 형태는 엄격한 법칙을 벗어나는 오류를 범하지 않는다. **창조자가 피조물과 뒤섞여 구별할 수 없게 되었지만**, 이 둘은 선택의 여지없이 이 법칙에 절대 복종한다.

*

어떤 계획, 즉 어떤 의도가 있으면 피조물(또는 제작품)은 곧바로 **자신의 몸체 외부에서 자신을 만드는 존재와 구분**된다. 제작품은 물체에 어떤 작업이 가해진 결과나, 적어도 의도된 효과를 얻기 위해 고의적으로 변형시킨 결과로 만들어진다. 거미줄이나 명금(鳴禽), 멋쟁이새의 둥지, 가시고기 집, 가장 단순한 도구나 가장 복잡한 기계, 생명체가 생존 수단이나 안락함 또는 정신적 쾌락을 위해 자신의 몸 밖에 존재하도록 만든 모든 것은 자연에 '제3단계 형태'도 존재함을 보여 준다. 예술품이나 기술의 발달로 만들어진 제품이 바로 여기에 속하며, 또한 동물에게 있어서 불가항력의 본능으로 대를 거쳐 변함없이 만들어 내는 허술한 건축물도 여기에 속한다. 이러한 형태는 생명과 관련된 것은 아니지만, **생명을 부여받은 존재의 행위에서 유래**된다. 가장 완벽한 형태는 제작되기 이전에 구상되었다. 이 형태는 **계획**에 부응한다. 손이나 손을 대신한 도구, 또는 별로 특수한 용도로 사용되지 않는 신체 기관, 새의 부리나 비버의 꼬리는 무생물체에 작용하여 자신의 의지에 따르게 하거나, 그 무생물체를 명확한 목적 — 때로는 제작 주체가 전혀 상상치 않은 모호한 목적 — 으로 변형시키려는 욕구를 충족시킨다. 여기서 중요한 것은 창조 작업이며, 이 작업은 **노력과 착오, 계산과 후회, 행운과 불운**을 내포하고 있다. 보통 이 작업은 미리 결정된 목적에 따라 행하여진다. 이 결정이 심사숙고되었거나 계획된 모든 외부적 개입을 거부하는 결정일지라도, 혹은 능란한 솜씨나 체계적 방식·인내·숙련된 기술로 얻게 되는 장점을 단호하게

포기하는 계획일지라도, 이 작업은 미리 짜여진 의도
에 따라 행하여진다.

어쨌거나 재질의 선택은 재질의 운반이나 조작에 선
행된다. 제작자가 본능에 따르거나, 자신이 통제할 수
없는 힘이 작용하도록 방치하면서(하지만 그 힘에 나아
갈 방향을 준비한다) 그 힘(하지만 제작자는 그 힘에 자
신을 맡긴다)에 따랐다 할지라도, 제작자는 제작자의
의도와 일치한다. 만들어진 제작품의 형태가 명확하지
않더라도, 제작자가 추구하던 의도에 부응하는 것이다.
한편으로는 제작자의 기호(嗜好)가, 다른 한편으로는
그의 사고 방식이나 판단 착오가 작용할 수 있으며, 물
론 제작자의 책임도 작용할 수 있다.

순수 과학 기술로 탄생된 제작품은 유용성에 중점을
둔 제작품으로서, 이러한 '제3단계 형태'에 속한다. 이
형태가 영감이나 극단적인 최면 상태를 통해, 혹은 장
기간의 모색을 통해 탄생되었든간에, 또는 제작품의
내력이나 심지어는 제작자의 내력까지도 드러내는 점
근법(漸近法)을 통해 탄생되었든간에, 외관상의 아름다
움만을 위해 만들어진 제작품도 '제3단계 형태'에 속

한다. 이 형태는 무(無)에서 태어난 것이 아니라, 다른 형태가 바로 그 형태의 도래를 알려 주고 유발시키고 예시하였다. 다른 형태들과의 연결고리 없이 허공에 떠 있듯이 독자적으로 존재하는 창조 행위의 최고봉에 위치한 예술의 영역에서, 또한 그 어떤 잠재적 기억도 예술가의 자의성을 말살시키지 못하는 예술의 영역에서, 이와 같이 제시된 형태는 항상 하나의 시도로 보이거나, 후하게 점수를 주더라도 불투명한 성공 정도로밖에 비추어지지 않음에도 불구하고 기탄 없는 찬탄을 불러일으킨다. 이처럼 매혹된 관객이 현재 그 예술품이 보여 주는 형태 외의 다른 형태를 상상할 수 없을 때, 다시 말해 예술품이 관객에게 더 이상 어떤 것도 바랄 만한 여지를 전혀 남겨두지 않을 때, 예술품은 완벽성에 도달하였다는 느낌을 준다. 하지만 그러한 마력이 모든 사람에게 또는 대다수에게, 영원히 또는 오랫동안 작용하리라고 어떻게 확신할 수 있는가? 아름다움에는 불확실하고 변화하는 어떤 것이 있다. 아름다움은 대다수의 동의를 필요로 하지만, 그 다수의 동의가 틀릴 수도 있다. 그럼에도 불구하고 사람들은 그

말을 듣는다.

우발적으로 탄생된 생명체의 형태가 아름다운 만큼이나 계획된 형태도 아름답다. 계획된 형태는 더 복잡한 과정을 통해 우리를 매료시킨다. 나는 이 계획된 형태가 즉각적인 찬사를 받지 못하며, 따라서 모호성의 여지를 남겨둔 채 평가받는 것은 아닌지 의문스럽다. 그 이유는 계획된 형태가 자연에 의존하기 이전에 인간 문화에서 유래되었기 때문이지만, 이 계획된 형태 역시 결국에는 자연에서 탄생된 것이다.

모든 관습 또는 편견, 한 마디로 말해 모든 무언(無言)의 기호(嗜好)에 의해 매번 (작품을) 바라보고 평가하는 방식이 결정되며, 이는 다른 예술에도 적용된다. 이러한 관습이나 기호는 순수 지각(知覺)의 방향을 정해 주며, 이 지각을 통해 시대와 장소에 따라 변하는 잠재적인 미학이나 양식화된 미학에 익숙해진다. 작품 양식들이 우리가 생각하는 것 이상으로 서로 대립되어 있다 하더라도, 그 양식들이 탄생하게 된 공통적인 기원에 의해서, 또는 최고를 추구하려는 야망에 의해서, 서로 유사한 점을 지니고 있다. 이러한 공모성(共謀性)

은 시사하는 바가 많으며, 예술과 미의 관계에 대한 문제를 야기한다.

*

생명체가 자신의 몸 밖에 창조한 외적인 작품이 일단 만들어지면, 기술 산업은 그 작품의 반복 생산법을 가르쳐 준다. 이는 과학 기술의 문제이다. 모체(母體)는 조각이나 메달·모티브 같은 하나의 모형을 무한대로 증가시킨다. 부각(浮刻)과 선, 심지어는 색이나 소리·움직임의 형상까지도 이처럼 복제 생산할 수 있다. 본을 뜨고 틀이 만들어지면 상상력이나 뛰어난 솜씨는 필요가 없어진다. 차후 단순한 자동 기술만으로 충분하며, 아주 어렵게 만들어진 원본을 기계적으로 복제한다. 이것이야말로 자아 증식의 능력 없이 **생명체 밖에 존재하는 무생물체의 재생산 방식이다.** 이 물체가 계획에 의해서 또는 우연적으로 탄생되었거나, 후자의 경우에 복제품이 피상적이 될 위험에 있더라도(대부분의 경우 복사품이 원본과 동일한 재료를 사용하지 않고서 복제되었기 때문이다), 재생산 방식은 마찬가지이다. 어쨌든 이것은 이미 존재하는 형태와 유사하게 만들어 졌거나, 혹은 거의 완벽할 정도로 똑같이 만들어진 전사품(轉寫品)이건 상관없이 **2차적이고 기계적인 생산품**이다. 이 복사품은 장인(匠人)의 솜씨보다는 기계 회전의 덕택으로 만들어지는 만큼, 생산량이 더 많고 단시간 내에 만들어지며 완벽하다. 이 복사품은 보통 '1단계'나 '3단계'의 작품을 복제한다. **인위적인 기술만이 무생물을 복원**시킬 수 있기 때문이다. 생명체나 씨앗은 이런 기술에서 제외되며, 여기서 기계는 모방과 환영 이외의 그 어떤 것도 얻을 수 없다. 우리는 기술 산업이 꽃이나 날개·조개를 (용어의 정확한 의미에서) '재생'시킨다고 생각지 않으며, 단지 **모방**할 뿐이다. 그런 시도는 부조리하고 불필요하며 불가능할 것이다.

당연히 '제4단계의 형태'는 혁신하는 것이 아니라 **반복**할 뿐이며, 이 세계에 존재하는 물체 목록에 아무것도 추가하지 못한다. 이 책에서 탄생 기원에 따라 형태를 분류하는 작업을 하지 않았다면, 제4단계 형태를 논할 필요도 없었을 것이다. 그러므로 이러한 탄생 방식에 의해서 제4단계 형태는, 우연이나 생체 기관의 성장, 혹은 어떤 의도에 기인하여 탄생된 형태들과는 동떨어진 새로운 범주 안에 속하게 된다. 어쨌거나 '제4단계 형태'는 제1차 형상에서 유래된 형태, 즉 1차 형상으로부터 생산된 복제품이다.

생명체들도 그들 자신의 모습과 동일하게 재생산한다. 그러나 그때 알[卵]이나 씨앗은 아주 특별한 종(種)의 모체처럼 보인다. 이 둘은 역할을 겸임하기 때문이다. 다시 말해 알과 씨앗은 모체인 동시에 배자(胚子)이다. 틀이 지점토와 동일시되는 상태와 같다. 생흔(生痕)은 중심에서 나오고, 몸체(l'être)는 내부에서 서서히 돋아나 자람으로써 그 종(種)의 기원과 유사한 형태를 가지게 된다. 그때 낯설고 유랑적인 그 어떠한 외부 형태도 이 생명체의 형태에 영향을 주지 못한다.

*

모든 형상 중에서(그 형상의 기원—우연·성장·계획·복제—이 무엇이든간에) 어떤 형상은 아름답다고,

또 어떤 형상은 추하다고 평가받는다. 반면에 이같은 각양각색의 평가를 통해 이 형상들에 관심을 기울이지 않는 한, 대부분의 형상은 무관심의 대상이다. 따라서 사람들은 그 형상들을 처음 보는 경우를 제외하고는 상황에 따라 완전히 새로운 관점에서 바라보게 되므로, 형태의 미(美)에 대해 신중히 논의해야 한다. 사실상 생물이든 무생물이든 자연의 형태는 자연 발생적인 아름다움을 보여 주는데, 이 아름다움은 과학 기술이 유용성을 위해서나 또는 정신적 쾌락을 위해 일부로 고안해 낸 물건의 아름다움과 경쟁을 벌인다.

II

미(美)

아름다움에는 두 종류가 있는데, 그것은 인간이 자연에서 찾는 아름다움과 인간 스스로의 노력으로 창조한 아름다움이다. '미(美)'라는 동일한 이 단어는 두 종류의 아름다움에 대한 인간의 찬사를 표현하는 것이다. 인간이 경치나 그림·나무·신전 등, 그 대상이 무엇이건 똑같은 것에 대해 시대나 장소를 막론하고 항상 찬사를 보낸다면 아무런 어려움이 없을 것이다. 하지만 전혀 그렇지 않다. 미의 개념은 기호(嗜好), 즉 지역이나 시대·개인에 따라 변하기 때문이다. 미학은 관습과 교육에서 유래하며, 모순적이라고 불릴 정도로 다양하다. 개개의 문화는 **인간에게 무의식적인 기호를** 제시하는데, **인간은 이 기호를 자연 발생적이라고** 생각하지만 실은 **역사나 교육에서 유래한다.** 결국 감각세계는 사물을 바라보는 방식에 영향을 주는 여과막과

비밀스런 기호를 암시하는 여과막을 거쳐서 인지되는데, 근본적으로 이 은밀한 기호들은 서로 모순적이다. 하지만 그 결과, 인간의 눈은 외견상 상반된 선택에 근거하고 있는 정반대의 예술이나, 다른 세기의 예술에 길들여질 수 있는 것이 아닐까? 만장일치에 가까운 합의에는 공통 기반이 필요하다. 공통 기반이 없다면, 걸작품들 사이에서 공통적으로 발견되는 관계나 색의 조화가 일치하는 것처럼 보인다거나, 만인이 공통으로 느끼는 전율을 불러일으킨다는 사실이 설명될 수 없을 것이다. 반면에 이러한 공통 기반만큼이나 보편적으로 존재하는 다른 요소들이 있는데, 인간의 마음에 들지 않는 이 요소들은 모호하고 돌이킬 수 없는 부조화를 드러낸다.

각 전통의 상반된 요소에도 불구하고 여전히 의미를 파악할 수 있을 만큼 강력한 이 **보편적인 공통 기반**은 다름 아닌 자연이다. 자연을 기반으로 전혀 다른 미학들이 퍼즐 조각처럼 서로를 보충해 준다. 같은 계획에서, 적어도 같은 의도에서 나온 노력은 아닐지라도 우호적인 노력이 나타나는데, 이 노력 뒤에는 처음에는

어울리지 않거나 모순을 보이던 수많은 과정이 감추어
져 있다.

자연의 형상만이 미의 개념을 생각해 낼 수 있는 유
일한 발원지이다. 자연적인 것, 자연을 닮은 것, 자연을
재현한 것, 자연에서 형태와 조화·대칭·리듬을 차용
한 것, 이 모든 것이 아름답다고 평가되거나 아름답다
고 느껴진다. 미적 느낌은 그외의 다른 발원지에서 나
올 수 없다. 사실 인간은 자연에 상반된 존재가 아니라,
인간 자체가 자연이다. 다시 말해 인간은 우주를 지배
하는 물리학 법칙과 생물학 법칙을 따르는 생명체로서,
이 법칙들이 인간 내부 깊숙이 파고들고 관통하며 지
배하고 있다. 인간은 이 법칙들에 일치하며, 적어도 이
법칙에서 벗어날 수 없다. 그래서 **이 법칙들은 미를 생
성하는 근원**이라 할 수 있다. 아니 이 표현으로 충분치
않다. **이 법칙들에 의해 아름다움이 배어 나오며,** 미란
이 법칙들의 외면적인 형상일 뿐이다. 이 법칙들의 효
력 그 자체가 아름다운 것이 아니다. 대부분의 경우 그
효력은 눈에 띄지 않고 지나가며, 인간의 평가에 의해
서만 미학의 범주로 들어간다. 그러나 이 법칙들은 분

명 인간이 아름답다고 불러야만 하는 것이며, 그것을 기준으로 인간은 미에 대한 사고를 가진다. '미'라는 말은 이 법칙들이 공통적으로 소유하고 있는 성격과, 필요할 경우 이 법칙들을 다른 법칙들의 결과와 구별시켜 주는 성격을 명명하는 방식에 지나지 않는다.

다른 식으로 설명해 보자. 인간에게 조화롭게 보이는 것은 이 세계와 인간 자신을 동시에 지배하고 있는 법칙들을 보여 주는 것이며, **본성적으로**—이것이 적절한 단어이다—인간에게 적합하고 인간을 충족시키는 것이다. 인간은 자신이 짠 그물망의 포로이다. 인간이 어떤 존재나 물건, 혹은 광경을 아름답다고 느낄 때 그것은 판단에 의거한 것이라 확신한다. 하지만 소위 인간이 내린 결정은 결국 **보편적 작용에 복종하는 것**이며, 인간이 그 보편적 작용에 참여한다는 고백일 뿐이다. 자연은 다양한 형상들의 무한 집합체로 보여진다. 하지만 다양한 형상들은 단 하나의 구조에서 유래되며, 눈과 시각도 이 구조에 종속되어 있다. 이 깊은 암묵의 합치는 필연적인 동의의 감정, 즉 플로티노스 〔Plotinos: 기원후 3세기에 생존했던 그리스의 신플라톤

주의 철학자)가 과장되게 표현한 동의의 감정 — "눈이 태양의 형태를 가지지 않았다면, 태양을 보지 못하였을 것이다" — 을 설명한다. 신체 기관은 그 기관이 반영하는 세계에 속해 있으며, 그래서 **암묵의 합치**가 생겨난다.

인간이 자연을 연장시키거나 자연에 무엇인가를 부가할 때, 또는 화가나 조각가인 인간이 선을 그리거나 입체감 있는 모형을 조각할 때, 인간은 동물·물체·물질이 된다. 인간은 전혀 심판자나 창조자가 아닌 동등한 노예로서, 자기 자신을 거의 반기를 들지 않는 순종적인 존재로, 또는 자율적이지도 않고 특별하지도 않은 존재로 생각한다. 미는 창조되는 것이 아니라, 천천히 발견되는 것이다. 인간의 눈은 태어날 때부터 습관이 들었다. 맹인의 세계에서는(때론 이 세계에서 자립적인 존재들이 나타난다) 단지 그들이 보여 주는 서투른 **작업의 시도**에서 **부조화**가 생겨날 뿐이다. 반항하는 정신적 자존심을 제외하고, 조형상의 모든 즐거움은 동의의 감정에서 나온다. 이와 동일한 구조들이 여기서는 형태를 낳고, 다른 곳에서는 그 형태를 평가하는 능력을 낳는다. 미의 인상은 수많은 우회를 통하여 이 상관 관계에서 탄생되며, 수많은 우회 후에 다시 만나게 되는 재회의 순간을 확인하는 데서 얻는 즐거움이다. '예정 조화'——만물은 확연히 구분될 수 없는 자연을 표현하고, 또한 그 자연의 형상을 띠고 있으며, 심지어는 자연을 부정하기 위해 창조된 것까지도 자연을 표현한다——에 대해 논하는 것은 지나친 일이다. 나는 '미'라는 용어까지 불필요한 것이라고 치부하는 것은 아니다. 파도에 의하여 수많은 조개 위에 굴곡 있는 어두운 빗살무늬가 새겨지는 것처럼, 동일한 문장(紋章)을 공유한 동족(同族)의 생물간에는 서로 내통하는 흔적이 보이기 때문이다.

인간은 오로지 자연에서만 미의 기준을 끌어낸다. 자연은 미의 유일한 등록부이며, 명백히 드러난 영감(靈感)이거나 은밀한 영감의 근원, 총체적인 내용, 은밀한 기준, 은밀히 존재하는 유일한 참조 목록표이다. 나는 모든 예술가가 특별한 방식을 시도하거나 최선을 다하기를 바라며, 모방이나 복제하는 것이 아니라 근원적인 곳으로 파고들어 밑에 숨겨진 기본적이고 근본적인 함일점을 되찾기 바란다. 비록 이 합일점이 상식 밖의 것이라 할지라도, 예술가는 그 합일점이 **자연의 최종적 구조**와 자연의 심오한 불변수를 밝혀내 주기를 원한다. 그렇지 않다면, 예술가는 이 합일점이 독단적인 기교이거나 대수롭지 않은 일시적인 변덕에 지나지 않음을 시인해야 한다.

거부할 수 없을 정도로 명백히 드러난 이러한 결론은, 일상적인 경험으로 제공되는 아주 평범한 여러 가지의 사실들에 의해 반박되지 않았다면, 전혀 논의의 대상이 되지 않았을 것이다. 그래서 이 기지의 사실들은 추상적인 진실의 우위에 있으며, 추상적 진실이 아무리 투명성을 지니더라도 소홀히 취급되거나 쓸데없는 것으로 간주된다.

*

하지만 자연이 미의 숨겨진 기준이라면, 자연 안에 존재하는 하찮은 것이 찬탄을 불러일으킨다거나 사람들이 예술 작품에서만 자연의 아름다움을 인정한다는 사실을 어떻게 설명할 것인가? 분명 인간은 예술과 너무 친숙해져서 자연의 아름다움을 음미하기 위해 예술을 그냥 지나치는 경우가 자주 있다. 예술은 인간의 작품이기 때문이다. 사실상 나는 자연 안의 모든 것이 아름다워서 추한 것이라고는 하나도 없다고 주장하는 것이 아니다. **자연 안의 모든 것이 아름답다면 인간은 미를 식별하지 못할 것이며,** 인간을 만족시키는 만큼이나 놀라게 만드는 일종의 기적처럼 인간이 희귀한 모형에서 아름다움을 찾는 일은 생각할 수도 없을 것이다. 자연에는 경이로운 것이 흔치 않아서, 인간은 이 경이로움이 인간의 예술에만 존재하는 특권이 아닌가, 또는 예술이 정당하지 못한 경쟁을 벌이는 것이 아닌가 생각할 정도이다.

대부분의 광물이나 나뭇잎·꽃·곤충·조개는 주의를 끌지 못한다. 몇몇 수정(水晶)이나 꽃부리·나비들만이 조화나 화려함으로 우리의 넋을 빼앗는다. 자연경관도 마찬가지이다. 박쥐나 거미·문어·뱀 같은 일부 동물들은 추하거나 혐오스럽게 보이지만, 실은 추한 것이 아니다. 이 동물들이 두려움을 불러일으키는 것은 대개 이들을 공포의 대상으로 삼는 미신 때문으로, 이들의 **겉모습보다는 신화의 영향을 더 많이 받는다.** 이들을 끔찍하게 만드는 것은 부조화 때문이 아니라, 너무나 상상적인 편견이 가미된 인간 사고(思考)의 희생물이 되었기 때문이다. 그래서 인간은 그 동물들이 공포나 혐오감, 또는 미학과는 전혀 무관하다고 생각하는 잠재적인 반응을 불러일으킨다고 생각한다. 이 반응들은 감수성과는 아주 다른 영역인 동물적인 심층 심리에서 나온다.

자연은 끔찍하거나 흉측하게 나타날 수 있다. 우발적인 사고(事故)로 인해 비틀어진 기형이 생겨나며, 이 기형은 기존 질서를 심하게 위배하고 혼란에 빠뜨린다. 기형은 인간을 불안하게 만들며 물의를 일으킨다. 기형 상태가 불쾌하게 느껴지는 것은 인간뿐 아니라, 모든 생명체에게 갑자기 그들의 덧없는 존재 조건을 보여 주는 불안정성에 대해 불안을 느끼는 숨겨진 방어 본능에 경종을 울리기 위함이다.

엄밀한 의미에서의 **추악함이란** 작업 능력을 가진 존재가 스스로의 시도로 자연을 변질시키려고 모색하던

중, 그 시도에 만족하지 않는 순간에만 자연 안에 나타
난다. 비단고둥의 나선은 완전무결하지만, 공교롭게도
이 연체동물은 나선을 모든 패각류의 조각과 석회암
파편으로 장식한다. 물맞이게류에 속하는 게들은 등딱
지 위에 해초와 미생물의 사체·조약돌·연토를 두른
다. 그 결과는 전혀 만족스럽지 못하다. 오스트레일리
아의 갈색 멧새, 퀸즐랜드의 극락조와 금빛 멧새, 그외
의 다른 새들, 때로는 부리를 가진 새들은 둥지와 정자
(亭子) 혹은 테라스가 딸린 오솔길을 만드는데, 거기에
요란한 색깔의 장식물들, 예를 들어 새들의 서식지 환
경에 따라 히아신스·장과(漿果)·작은 뼈들·달팽이
집·병뚜껑·취사 도구들처럼 새들이 물어 올 수 있는
잡다한 것으로 장식한다. 새들은 침을 섞어 으깬 나무
껍질과 풀들로 이 구조물의 내부 벽을 바른다. 새의 종
류마다 각기 좋아하는 색깔이 있다. 교미기에 새들은
춤이나 몸짓 같은 의례적이고 과장된 태도를 보이는
가운데, 암컷의 환심을 얻기 위해 그동안 그러모아다
가 '예술적으로' 배치해 놓은 잡다한 물건들을 암컷에
게 보여 준다. 깃털의 흠잡을 데 없는 색채와 심각한

대조를 보이는 새의 작업 결과를 본 사람은, 그 결과의
아름다움에 만족치 못하며 한심하다고 평가한다.

이와 마찬가지로 인간도 무엇인가를 창조할 때 과오
를 범한다. **인간은 성공할 수 있는 반면 실패할 수도
있기 때문이다.** 인간이 식물계에 꼭 끼워넣어야 한다
고 생각했던 꽃들 가운데 하나인 패롯 튤립만을 제외
하고는 못생긴 꽃은 하나도 없다. 자연 경치는 무관심
하거나 지루한 대상이 될 수 있지만, 그 자체로서는 추
하지 않다. 하지만 인간은 멋진 휴식 공간인 아름다운
정원과 경관을 구획·정리할 줄 아는 반면에, 광고판
이나 공장·역 혹은 괴상망측하거나 볼품없는 건물들
을 세움으로써 아름다운 공간을 쉽사리 추하게 만들기
도 한다.

피할 수 없는 신비에 의해 **자연 안에 있는 모든 것
은** 당연히 아름답다. 아름답기는 하지만 거의 대부분
중성적이며, 극단적으로 말해 눈에 띄지 않는다. 그래
서 **인간은 너무도 자연적인 것이 감추고 있는 것을 명
백히 드러내고, 향상시키고, 완벽하게 만들고 싶어한다.**
크기의 균형을 잡고, 색깔을 배합하고, 독자적으로 선

택하고 구성하고 결정한다. 이러한 사실로 인하여 인간의 시도뿐 아니라 암컷의 호감을 확실히 얻기 위해 광채나는 깃털에만 만족하지 않는 수새들의 시도가 설명된다. 하지만 여기서 자연의 필연적인 무류성(無謬性)을 보유하지 못한 창조 주체의 모든 부가적 행위에는 위험이 따르게 된다. 예술이 시작되면, 예술의 **계산**과 **도박**도 시작된다.

*

두번째로 자연이 제시하는 형태들은 실제로 헤아릴 수 없을 정도로 많으며, **이 형태들을 지탱하고 있는 구조들도 그와 마찬가지로 수없이 많다.** 아주 보편적인 예를 들자면, 분자의 확고한 분할 문제 외에는 어떠한 문제도 제기하지 않는 무생물 안에서, 이론상의 계통망(系統網)은 몇백 개를 넘지 않는다. 우리는 무생물 안에서 그 어떤 오각형 대칭 구조도 발견하지 못하며, 오각형에서 파생된 구조도 발견하지 못한다. 여기서는 정다면체(正多面體)나 십이면체는 받아들여질 여지가 없으며, 다만 방산충(放散蟲; 다시 말해 살아 있는 기관)에만 나타나는 구조이다. 하지만 오각형 구조는 설욕이라도 하듯이, 식물계나 해상동물계에서 뛰어난 우월성을 보여 준다.

몸의 한쪽 끝부분으로 발육하는 외부 골격을 가진 조개류에는 유일한 성장 법칙이 있는데, 그것이 바로 나선(螺旋)이다.

줄기를 따라 나타나는 나뭇잎의 다양한 배열 구조는 근본적으로 결정망(結晶網)의 배열 구조와 다를 바 없다. 그래서 우리가 물체와 종족(種族)에 의거해 상상하는 것보다 훨씬 적은 양의 자연 계수가 존재한다. 이처럼 나는 자연에 나타난 배열 구조의 수는 얼마 되지 않는다고 생각한다. 즉 같은 리듬이 불변적으로 되풀이되어 나타나는데, 이는 황금분할이나 황금분할에서 파생된 구조가 지배적인 역할을 한다는 사실을 미루어 짐작할 수 있다. 이러한 지배적 역할로 인하여 많은 예술가들이 오차 없이 완벽하다고 평가받는 수많은 구조 형태를 만들었다. 보편적 구조가 반복된다는 사실에는 이상할 것이 하나도 없다. 각 구조는 통일성을 부여하는 균형의 여러 조건에 부합되어야 하기 때문이다. 그 결과 이 균형 조건들의 숫자는 그리 많지 않다. 원자의 구조가 복잡해짐에 따라, 고도로 엄밀한 조직 가운데 하나인 세포의 상호 연관적 조직이 필요할 것이다. 숫자가 무한대로 커가는 소수(素數)들처럼, 성장 가능성이 있는 형태는 점점 더 산발적(散發的)이 되기 때문에 더 많은 요구를 충족시켜야 한다.

정방형과 육각형 대칭 구조는 생명이 태동하는 시기, 즉 배와 등·가지와 뿌리·입과 항문이 나뉘기 시작하는 시기에 사라진다. 입방 결정체에 있는 수직 대칭의 세 면 중에서 단 한 면만이 남는다. 다른 두 면이 사라지는 것은 생명을 얻기 위한 대가이다.

이러한 가정(假定)이 얼마나 위험한 것인지 나는 잘 알고 있다. 하지만 인내심을 가지고 연구하다 보면 이 가정이 성립된다고 생각하며, 예를 들어 꽃이 푸른색이 되거나 나비가 진홍색이 되지 못하도록 규제하는 규칙처럼 아직도 신비한 채로 남아 있는 제한 규칙을 발견함으로써 이 가정이 도리어 무한히 세분화된다고 생각한다. 게다가 이러한 금지 사항은 절대적이 아니라, 생명 그 자체처럼 유동적이다. 튤립나무〔우리말로는 목(木)백합, 백합나무라고도 한다〕의 화관(花冠)은 푸르스름하며, 베니시로쵸의 익상돌기는 오렌지빛 붉은색이다. 우리를 놀라게 하는 이러한 예외들은 절대적인 것도 아니고, 기준이 있는 것도 아니며, 다만 특이성을 강조하기 위해서 존재하는 듯하다.

이러한 비밀스런 법칙과 그 법칙에 위배되는 세세한 사항들은 별로 중요하지 않다. 자연은 오직 환상에 의해서만 선험적으로 가능한 모든 선과 색의 조합들을 공정하게 얻을 수 있다는 사실을 암시하는 것만이 중요한 것 같다. 자연의 엄격한 체에 걸러 빠져 나가는 것은 상대적으로 얼마 되지 않는다. 인간은 자연이 제시하는 헤아릴 수 없을 정도로 다양한 형상에 놀라움을 금치 못하지만, 그것은 환영일 뿐이다. **수많은 규칙들이 적용되는 것 같지만, 들추어 보면 그 규칙들은 불변적이기 때문이다.** 필연적으로 미의 전형과 외양(外樣)의 근원이 되는 이 형태와 구조·균형 들은 자유롭지도, 그 수가 많지도 않다. 오히려 그 수가 얼마 되지 않기 때문에 완벽성을 오염시키거나 가리지도 않은 채, 이 형태와 구조·균형의 본질을 밝혀내고 잘 파악하기 위해서는 많은 학식과 인내가 필요하다.

이와 같은 탐구는 아마도 **예술의 야망**을 정의하는 것으로서, 예술로 자연의 형상들을 모방하거나, 역으로 그 형상들을 거부하려고 노력하며, 그 형상들의 숨겨진 법칙을 복원하려고 애쓴다.

Ⅲ

예술

　　예술이란 인간이 일부러 또는 고의적으로 만들어 이 세계에 **추가한 아름다움**이며, 인간이 독자적인 수단을 이용하여 의도적으로 제작한 **외적인** 작품이다. 인간은 주위에 있는 아름다움을 천천히 인식하며 자발적으로 찬미하는데, 인간이 더 이상 이 아름다움을 바라보는 것에 만족하지 않게 되는 순간부터 필연적으로 이같은 '추가 행위'를 시도하기 위해 여러 방식을 도입한다. 그렇게 함으로써 인간은 자기 자신이나 자신의 쾌락을 위해 행동하며, 그가 일원으로 참여하는 이 세계의 경쟁자가 된다. '추가 행위자'인 인간이 처음에는 단지 미의 흔적을 찾거나 아름다움에 기여하려고 하다가 후에 덤으로 아름다움에 도달한다 할지라도, 어떤 우상이나 숭배의 대상물·무기·도구·주거 환경이 미적 감동(그 감동이 모호하고 명확치 않다 하더라도)을 불러일으키는 순간부터 예술은 존재한다. 감수성이 예민한 존재는 미적 감동을 느끼려고 노력하거나, 그 감동 자체를 위해 느끼게 만들려고 노력하기 때문이다.

인간은 **모방**할 수도 있고, **창작**할 수도 있다. 즉 인간은 복제(複製)하거나 새로운 것을 창제(創製)한다. 간단히 말해 대부분의 경우 예술가에게는, 그의 작업 결과가 인간의 눈을 즐겁게 하도록(엄밀한 의미에서 이것이 회화의 목적일 수 있다) 선과 색으로 면을 채우는 근본적인 두 방식(근본적이면서도 상반된 방식)이 있는 것 같다. 제1방식은 **이 세계에 존재하는 형태들, 다시 말해 예술가의 눈앞에 놓여진 형태들을 복제**하는 것이다. 반면 제2방식은 실물의 세계에 존재하지 않는 형태, 즉 순수히 인간의 머리에서 나온 것 같은 형태들을 만드는 것이다. 이처럼 복제 예술은 창제 예술과 상반된다. 극단적으로 말해 실물과 착각할 만큼 정밀한 묘사화는 제1방식을 차용한 것이며, 기하학(명백히 드러나 있건 숨겨져 있건간에)적 회화는 제2방식에 근거한 것이다.

두 회화 방식 중에서 하나는 **복제**(묘사)하고 다른 하나는 **창제**(구성)하는 방식이지만, 복제와 창제에는 여러 방식이 있다. 또한 창제의 엄밀성과 마찬가지로, 복제의 정밀성에는 여러 단계가 있다. 복제된 물체나 창제된 형상의 선택에 대해 말하자면, 물론 그 선택은 무한대로 변형될 수 있으며, 화가의 감수성에 대한 정보를 알려 주기도 한다. 그러나 그 선택은 보조적, 또는 부차적으로만 화가의 작업에 반영된다. 이 경우에 화가의 계획이 만족스럽게 집행되면, 화가는 새로운 방식이나 새로운 재료에 도움을 청하게 된다. 화가의 창작 방식은 주제의 선택에 직접적으로 영향을 받지 않는다. 대개의 경우, 화가의 창작 방식은 전혀 그 영향을 받지 않는다. 다른 요인들이 그 창작 방식을 결정하는데, 내가 앞에서 말하였듯이 **지각**(知覺)에 일치되고 추상 작용에 합의된 기호(嗜好)가 우선적으로 그 요인이다.

구상 미술(具象 美術, l'art de figuration)은 자연이 제공하는 자료들을 재현하지만, 오로지 유사성만을 추구하지는 않는다. 구상 미술은 **관능성**을 통해 정확성을 보완한다. 산문(散文)에서는 단지 서술로 그치던 것이 시(詩)에서 높이 부각되는 것처럼, 구상 미술은 현실을 변모시킨다. 즉 구상 미술은 한순간, 뉘앙스, 빛깔, 미소나 경치의 빛, 장엄한 의식(儀式) 등과 같이 일순간 지나가 버리지만 인간이 잡고자 하는 모든 섬광을 고정시킨다. 좀더 효과적인 재현을 위해 구상 미술은 인간이 모방한 형태를 '데포르메〔déformer, 특수 효과를 위해 형태를 변형시키는 방식〕'하거나, 의미를 좀더 잘 나타내기 위해 **상징**을 사용하도록 유도할 수 있다. 하지만 '데포르마시옹〔déformation, 형태 변형〕'은 우리가 식별할 수 있는 요소들을 분해하며, 신화에 나오는 혼합 동물들은 실재 동물들의 각 신체 부분을 임의로 접합시킨 것이다. 그로 인해 모호한 부분이 다소 많아 작품의 이해를 늦추기는 하지만, 신화적인 장면들이나 우의적(寓意的)인 글들은 항상 실재 세계를 반영한다.

그와 반대로 '구성 미술(構成 美術, l'art de construction)'은 추상적인 형상들을 배합시킨다. 구성 미술은 어떤 규칙성을 통해, 즉 단순하건 복잡하건 하나의 법칙에 부응하는 **질서의 전개**를 통해 타인의 마음을 끌려고 노력한다. 구성 미술은 연역적으로 만들어 낸 형태들을 사용한다. 구성 미술은 가시적(可視的)인 세계에서 이 형태들을 빌려와 순화시키고 정제시키고 농축시키는데, 이는 이 형태들이 현실을 초월한 관계만을 표현하도록 만들기 위해서이다. 각도와 차원·곡선과 입체감은 **모든 기반으로부터 독립되고, 이상적인 범위를 강조하는 불변적인 특성을 명백히 드러낸다.**

하지만 구상 미술은 일순간의 우발적 사건들(accidents)—단 한번 시선이 잠겨든 반영들, 동일하거나 영속한 것을 전혀 담고 있지 않은 무수한 반영들—에 한순간을 할애하기를 원한다. 구상 미술은 외면이나 짤막한 일화만을 취할 뿐이다. 구상 미술은 얼굴이나 목욕하는 여자, 밀밭 위의 까마귀들, 요정, 사과, 가죽 벗긴 쇠고기, 십자가에 매달린 예수, 군주의 대관식뿐 아니라 꿈이나 환각, 우화에 나오는 상상적 장면들을 보여 준다. 이처럼 수많은 자유에 단 하나의 제한이 있는 것처럼 보인다. 그 제한이란 구상 미술이 반복과 대칭, 즉 너무 강요적이거나 너무 숨김없이 드러난 모든 규칙을 피한다는 것이다. **구상 회화는 이 세상의 유**

일한 것을 그려야 하거나, 그리는 것을 유일한 것으로 만들어야 한다.

그와 반대로 '사변적 미술(思辨的 美術, l'art spéceula-tif: 인간의 사고에서 나온 '구성 미술(창제 미술)'을 지칭한다)'은 아라베스크 양식과 그리스식 번개 무늬, 반복적인 장미꽃 모양 장식, 꽃이나 별 따위가 뿌려진 무늬, 기둥의 소용돌이 장식, 엮음 장식, 도자기나 대나무의 모티브, 레이스나 양탄자의 모티브를 만들어 낸다. 사변적 미술은 처음부터 **반복성**을 강요당한다. 이 두 갈래 길 사이에서, 행동과 말(言)에는 절대적인 차이점이 있는 것 같다. 하지만 이 두 길 사이에는 상호 교환이 끊임없이 이루어진다. 화가가 그림을 그릴 때 그림의 총체적인 균형을 잡고, 색이나 형태의 반복을 계획하며, 사전에 완벽히 조화를 유지시키기 위해 기꺼이 황금분할을 사용한다. 꿈틀대는 감각의 흐름 안에 기하학이 도입된다. 한편 '장인(匠人)'(나는 분명 장인이라 부르겠다. 대칭과 반복성에 근거한 예술은 당연히 수공업에 가깝기 때문이며, 이 예술은 수공업에서 완전히 분리되지 못하였다)은 기꺼이 외부 세계에서 나뭇잎이나 꽃, 물고기나 새와 같은 모티브를 따와 배치하면서 빈 화면을 채워넣는다. 그러나 그는 이 모티브를 눈에 보이는 실질적인 특성 그대로 취하는 것이 아니라, 단순화하고 규칙적인 도형으로 모티브의 형태를 고정시켜 기하학적 형상을 띠지 않을 수 없도록 만든다. 그렇게 함으로써 그는 자신의 첫 창작 방침으로 되돌아가고, 자신의 예술 원칙에 다시 충실하게 된다.

이 두 창작 방식은 오랜 역사를 지니며, 그 역사의 변천 과정이 자주 묘사되고 언급되었다. 내 생각으로는 **이 두 논리의 극단점과 폭발점**(이 두 논리가 지금 그 극단점과 폭발점에 도달한 듯하다)까지 따라가는 것은 흥미로운 일이며, 시사하는 바가 크다고 생각한다. 그럼 '재현 미술(l'art de représentation)' 부터 시작해 보자. 나는 재현 미술을 '논증적 미술(l'art discursif)' 이라 부르기를 더 좋아하는데, 그 이유는 재현 미술이 실제 영상(image)으로 표현되기 때문이다. 이 영상은 필연적으로 기호(signes)이고, 글(discours)이 어휘를 가지고 말하는 것이며, 어휘는 이미지를 생물과 사물·사건에 반향한다. **영상이 단어 그 이상의 무엇인가를 의**

미하는 것을 막을 수 없다. 하지만 이러한 '논증적 미술'에서 '데포르마시옹'이 심하게 이루어지는 경우가 자주 있다. '데포르마시옹'은 유사하게 그리려는 노력 이상으로 작가의 **개성**을 잘 보여 주며, 따라서 작가의 서명(署名)과도 같다. 그러므로 우리가 점차적으로 바라보고 연구하고 칭송하는 것이 바로 이 '데포르마시옹'이다. '데포르마시옹'에 할애된 공간이 계속해서 증대되며, 이러한 연속적인 탐욕성으로 인해 데포르마시옹이 곧 모든 화면을 삼켜 버린다. 그리하여 이처럼 대담하고 파격적인 '데포르마시옹' 방식으로 다루어지지 않은 것은 그 어느것도 존속할 수 없게 된다. 중력만큼이나 거역할 수 없는 절대적인 이 법칙은 피할 수도, 거역할 수도 없다. 이 법칙은 내적인 필연성을 나타낸다. 일단 전제가 제시되면, 최종적인 결과가 곧바로 나타난다. 마침내 **최초의 형상**을 너무나 **많이 뛰어넘은 작품은 판독 불능의 지경에 이른다.** 그래서 우리의 눈은 더 이상 선(線) 전체가 탄생하게 된 기원을 인지하지 못하게 되며, 그 기원을 기억에서도 찾아낼 수 없고, 선이 어떻게 변모되었는지 감상하기 위해서 상상력을 발휘하여 그 선의 원형으로 거슬러 올라가려 해도 할 수가 없다.

'기하학적 미술(l'art géométrique)'도 이와 대등한 운명을 겪게 된다. '예술장인(artisan)'은 작곡가가 대위법과 음(音)으로 유희를 즐기는 방식과 유사하게 색과 균형을 가지고 유희를 즐긴다는 의미에서, **기하학적 미술은 글보다는 음악에 더 가깝다.** 선대칭이나 사방대칭을 따르거나, 장식띠를 따라 유사한 제 요소를 반복시키거나, 하나 또는 여러 개의 중심 주변에 그 요소들을 원심력에 따라 배치시키거나, 지정된 화면 위에 그 요소들을 규칙적으로 분산시키는 그물 구조 등을 따라야 하는 이 기하학적 미술은 전율이나 놀라움도 주지 못한 채 곧바로 기계적이고 단조로워진다. 하지만 예술가는 즉시 **'박식한'** 결함을 도입하는 법을 배우게 되는데, 거의 인지되지 않는 이 결함은 마비 상태에 이르게 할 정도로 피곤하게 만드는 엄격한 반향 체계(反響 體系)를 구출해 낸다. 이러한 '거짓' 착오에는——세심한 관찰자로 하여금 이 거짓 착오가 능숙한 경지에서 나온 것이라는 사실을 인식시키기 위하여——

하나의 응답이 필요하다. 그 결과 불협화음은 새롭고 더 치밀한 대칭 체계를 탄생시키는데, 이 대칭 체계는 기계적이고 단조로웠던 대칭을 완화시키며 진동을 전달해 준다. 그리하여 양탄자의 그림 안에서 우리는 이해되지 않는 디테일이나 선과 색을 인지하게 되며, 이것들을 잘 살펴보면 필시 죽음의 세계에 약간의 유연성을 복구시키기 위해 너무 엄격하지는 않으나 계산된 틈이 보인다. 그렇긴 해도 눈에 잘 띄지 않는 미세한 이 무질서는, **질서를 거의 흐트러뜨리지 않으므로 계속해서 명백한 질서가 유지된다.** 하지만 반복의 형식이 너무 복잡하거나 서로 뒤얽힌 변수가 너무 많이 부과되면, 명백한 이 질서는 사라져 자취를 감출 정도로 희석된다.

그리하여 이상하고 별 상관이 없으며, 희한하고 분석이 용이하지 않은 이 관계로부터 마침내 미로와도 같은 선들이 탄생되는데, 처음에는 **이 선들을 주관하는 것이 전혀 없는 것 같으며, 우연히 그려진 구조 체계와 거의 다를 바 없다.** 뛰어난 지식을 보유하지 않은 사람은 수학자들이 초공간 곡률을 그릴 때 사용하는 구리

줄이나 플라스틱줄의 모델과, 예술가가 최소한의 방정식을 도입하는 데 별로 신경을 쓰지 않고서 오로지 양감(量感)의 조화를 추구하여 만든 현대 조각 사이의 차이점을 잘 구별하지 못한다. 나는 이 우연적 만남이 놀랄 만한 것이라고 단언하지 않는다. 그와 반대로 나는 이 만남이 의미심장한 것이라 생각하며, 이러한 만남을 통해 세계의 실제 구조나 실현 가능한 구조가 미적 관념을 유발시킬 수 있도록 만드는 관계가 밝혀진다고 생각한다. 그러나 아주 엄밀한 계산과 자유의 추구는 서로 상반된 방식이지만, 이 상반된 방식을 통해서 동일한 형태에 도달한다는 사실을 강조해야 한다. 대부분의 경우 관객의 자질이나 혹은 거의 파악할 수 없는 관련 방식을 꿰뚫어보는 관객의 능력에 따라서 결정되는 유동적인 경계선을 가진 영역에서, 명백한 규칙을 거부하는 구상(具象)은 갑자기 엄밀한 사변(思辨)의 최정점과 일치된다.

이 순간부터 더 이상 형태가 문제의 쟁점이 되지 못하며, 추상적 형태조차도 명확하고 뚜렷한 형태를 유지하도록 운명지어진 듯하다. 화가는 형태의 외곽을

공격해 들어가서, 형태 안에 규칙성의 흔적을 계속해서 남겨 놓는 법칙들을 파괴함으로써, 형태를 **해체시키고 파괴시켜야** 한다고 생각한다. 앞에서 보았듯이 이 세계에 존재하는 형태와, 계산으로 생겨난 형태는 해독 불가능한 상태가 되었다. 즉 숙련된 눈을 가진 사람이라도 완성작 안에서 지각(知覺)의 기억과 기하의 자취를 밝혀내는 것은 불가능하다.

이러한 흔적과 기억이 완성작 안에서 항상 존속될 수만 있다면, 끊임없는 진보를 추구하는 예술가는 자신의 출발점에서의 첫 형상이나 최초의 규칙을 상기시킬 수 있는 것을 완성작 안에서 없애 버리기 위하여 **자신의 출발점을 조직적으로 파괴하는** 것으로 만족할 것이다. 그러나 이런 종류의 시도는 필연적으로 과실(過失)이나 누락·죽은 공간으로 나타날 수밖에 없으며, 따라서 소멸될 운명에 처해진다. 하지만 그 유혹이 너무도 강렬하여 피할 수 없게 되면, 어쩔 수 없이 중간 과정인 (형태) 해체 작업을 거치지 않고 건너뛰어, 생각지도 않은 우연에 의해서만 해석 가능한 몇몇 요소들이 끼어들지 않도록 유의하면서 단번에 완성작에

서나 볼 수 있는 **최종적인 형태 해체 모습을 제시한다.** 이 순간 모든 것은 표상(表象, signe)으로 바뀐다. 차후 지식과 창작은 작품을 만들고 완성하는 데 사용되는 것이 아니라, 그와 반대로 식별 가능한 최소한의 구조가 불시에 예고 없이 나타나는 것을 막기 위한 확실한 창작 방식을 연구하는 데 사용된다.

이러한 도정(道程)은 너무도 절대적이고 논리에 종속되어 있어, 문학에서와 마찬가지로 회화에서도 정확하게 그 과정의 메커니즘이 전개되는 것을 보았다. 우리는 같은 단어로 문학 텍스트와 그림의 영상을 동시에 이야기할 수 있다. 처음에 글이나 그림에는 정확성이 요구된다. 다시 말해, 글과 **그림은 이들이 표현하고 재현하고자 하는 것과 일치되어야 한다.**

그 다음, 미술은 말하거나 형상화하는 방식에 근거하고 있는 것이지, 말하여지고 재현된 것에 근거하는 것이 전혀 아님을 알게 된다. 그리하여 즉각적인 정확성이 화가의 중요한 능력으로 간주되지 않는다. 우리는 암시와 묵설법(默說法)과 우회적 표현의 효력, 한 마디로 미술의 제 표현 방식과 권리를 발견한다. 차후 우리는 미술의 대담성과 자유를 허용한다. 대담성과 자유는 허용의 단계를 넘어, 요구될 수 있으며 곧 필수적으로 된다. 이 과정은 행복하고 중요하며, 미술 그 자체를 구성한다. 이 과정은 더 이상 중단될 수 없으며 끝까지 전진해야 한다. 즉각적으로 이 과정은 문학 텍스트와 그림의 예술적 자질을 평가할 때, 텍스트와 그림의 의미 파악에 따르는 난관이라는 새로운 요소가 등장하는 결과를 초래한다. 그래서 화가와 시인은 작품의 의미를 감추지 않을 수 없게 된다. 자신의 성실함을 보여 주는 동시에 공허한 창작법을 되풀이하는 것에 만족하지 않음을 증명하려는 섬세함과 노력을 통해, 화가와 시인은 독자나 미술 애호가들이 즉각적으로 자신의 비밀을 꿰뚫어보는 즐거움을 나중에 느끼도록 뒤로 미룬다. 실제로 이 즐거움은 너무도 강렬해서, 아주 장시간이 소요되는 예술의 이해 과정의 어려움을 보상해 줄 정도이다. 그래서 작가는 자연히 장애물의 숫자를 늘리며, 직설적인 표현과 충실한 실물 모방을 피한다. 그러다 보면 결국에는 그 골(écart)이 너무 깊이 패여, 문외한에게 단어는 **마치 이해할 만한 것은 아무**

것도 표현하지 않은 듯이 진행되며, 색이나 선은 식별 가능한 그 어느것도 캔버스 위에 나타내지 않은 듯이 진행된다. 바로 이 순간 '결정적인 한 걸음'을 뛰어넘는다. 즉 예술가는 자신의 어려운 창작 방식에 종지부를 찍고서 **단번에 결과**를 제시하거나, 적어도 그 결과를 대신할 전격적인 즉흥작을 제시한다.

임의대로 의미를 해석하거나, 혹은 존재하지 않는 의미를 찾으려고 하거나, 하나가 아닌 여러 개의 수수께끼의 열쇠를 찾으려고 노력하는 것은 미술 애호가의 자유이다. 반면 화가는, 시인이 자신의 시에 인지할 수 있는 현실이나 널리 인정된 일관성과 약간의 관련성이 있음을 암시하는 제목을 주는 데 그치듯이, 자신의 그림에 형이상학과 음악·수학(즉 회화와 별 상관이 없기 때문에 생각지도 않았던 모든 학문들)을 연상시키는 제목을 시험삼아(말하자면 실험적으로) 제시하는 것이 고작이다.

이와 같이 너무 명백한 의미는 시의 힘을 제한시킨다는 사실을 받아들인 순간부터 시인이 시를 보존하기 위해 어떤 의미도 부여하지 않으려고 결정한 순간까지, 시의 발전 과정은 회화의 발전 과정을 그대로 보여주는 것 같다. 시와 회화에서는 의미의 파괴가 동일하게 일어난다. 다만 회화에서 색과 선의 의미가 문학에서의 단어의 의미보다 훨씬 광범위한 의미를 지닌다는 사실에서 알 수 있듯이, 회화에서는 의미 포기에 따른 현기증이 더 한층 심화된다.

이상이 오늘날 형태를 희석시키고 해체시키는 미술이 나아가야 할 길이다. 이 길과 정반대 위치에 있는 회화 방식, 즉 글에 가장 가까운 회화도 유사한 과정을 겪는다는 것은 아주 주목할 만한 일이다. 하지만 원칙적으로 형태 해체 미술은, 이에 대한 지식이 없는 일반인들에게 있어 문자를 대신하는 그림 기호와 거의 다를 바 없다. 그림 기호의 존재 이유는 정보 전달에 있다. 특히 16세기 유럽에서 유행하였던 우의화(寓意畵)와, 연금술의 비법이 그림으로 표현된 난해한 판화도 이 회화에 포함된다. 이 **암시적인 작품들**은 작품이 말하는 언어의 열쇠를 가지고 있지 않는 사람들에게는 완전히 수수께끼와도 같다. 이 작품들은 상징을 담고 있는데, 문외한들은 이 상징의 의미를 모르며, 상징들이 아무렇게나 결합되어 있는 것처럼 보인다. 형태들은 본래 상태를 유지하고 있지만, 그 형태의 의미가 이해되지 않는다. 각 디테일이 극도로 세심하게 표현된 기교적인 그림은, 그 그림이 아무것도 표현하지 않았을 경우 우리를 놀라게 만들 뿐 아니라 당황시킨다. 세밀히 표현된 이 그림의 여러 요소들은 무작위로 선택되어 우연히 연결된 단어들만큼이나 서로에게 낯설다. 그리하여 미술 애호가는 작품의 **해독 암호**를 모르기 때문에, 작품이 보여 주는 겉모습에 의지하여 자신의 마음에 드는 기반을 기점으로 하여 마음대로 상상하는 것을 즐기는 현상이 일어난다. 비밀을 발견하는 데서 즐거움을 찾는 것이 아니라, 감상자의 상상이 가는 대로 엉뚱한 설명을 갖다붙이며 멋대로 왜곡시키는 데서 즐거움을 찾는 이런 상황에서, 작가는 **메시지를 암호화**하는 데 곧 싫증을 낸다. 이후 판화가는 특히 콜라주 방식을 통해 전체 덩어리의 여기저기서 부분적으로 빌려온 요소들을 병렬시켜 어울리지 않는 오브제들을 기묘하게 모아 놓거나, 이 등장 인물들(오브제들)에 상식 밖의 태도나 행동을 강요하거나, 이들을 의미 없는 무대에 함께 모아 놓으려고 애쓴다. (일관성이 없고 부조리한 이 무대는 우리의 사고에 황당함을 주기 위해 일부러 마련되었다.) 예술가는 연금술사나 우의(寓意) 판화가의 창작 방식과는 정반대로, 최소한의 연결고리마저 그의 작품에서 제거한다. 집요하게 그의 솜씨를 발휘하여 약간의 연결이 가능한 관계, 심지어는 별로 연관성이 없고 괴이한 관계까지도 세심하게 뒤쫓으며 추방시킨다. 마치 화가에게는 상상력에 도전하거나, 상상력의 힘을 꺾는 것과도 같다. 나는 이러한 그림을 '무한(無限) 영상'라 명명할 것을 제안한다. 그것은 이 그림에 몇 가지 원칙상의 우위성을 부여하기 위한 것이 아니라, 속이 빈 몽상은 가치가 없고 끝이 없다는 것을 보여 주기 위해서이다.

하지만 여기에는 침묵적이라기보다는 다변적(多辯的)이면서도 작품 해석에 더 방해가 되는 화면(단순한 다변은 침묵보다 더 많은 것을 표현하지 못하기 때문이다)을 상상력에 맡기는 그림들도 있다. 독자적인 고유 수단으로만 한정되고, 그 어떤 부차적인 의도에 의해서도 형태의 해체를 제한하지 않는 회화는 마지막 단계에 도달하게 되는데, 마지막 단계란 **예술가가 자신의 작품이 단지 우연히 입을 다물고 있는 것은 아닌지 두려워하는 단계이다.** 이 작품들이 아무것도 재현하지 않는 것처럼 보이는 것은 별로 대단한 일이 아니다. 작가는 자신의 작품이 아무것도 재현하지 않음을 확실히 해두고자 하며, 자신의 작품이 무엇인가를 구현하고 있음을 사람들이 결코 합리적으로 예측하지 못하기를 바란다.

'논증적 회화(la peinture discursive)'나 '기하학적 예술'과는 반대로, 나는 식별 가능한 그 어떤 것도 재현하지 않으려는 이 그림을 '**무언(無言) 회화**'라고 명명하려 한다. 무언의 언어가 아무것도 표현하지 않는다기보다는 단어를 사용하지 않고 표현하기 때문에, 사람들은 무언의 언어에 대해 자주 언급한다. 그리하여 사람들은 무엇보다도 먼저 그림이나 정해진 기호, 판독할 수 있는 모든 형태를 거부하는 회화에 대해서도 언급한다. 식별 가능한 그림이나 기호·형태를 피하는 것은 쉽지 않다. **우연과 흔적(痕迹)**으로 되돌아가야 한다. 하지만 우연은 배반할 염려가 있다.

어쨌든 자연미와의 관계가 회복되었다. 자연의 아름다움과 좀더 잘 경쟁하기 위해, 화가는 곧바로 장차 자신이 그릴 그림에 대하여 모든 영향력을 행사하기를 포기한다. 화가는 가능한 한 개입을 자제함으로써, 유사한 색반(色斑)을 만들어 내려고 노력하는 자신의 시도를 제한한다. 이처럼 화가는 일시적 기분에 빠져드는 것이 아니라, 우리가 이 세계에서 만나게 되는 놀랍고도 아름다운 형상의 유혹과 **'무한 영상'**의 유혹에 빠져든다. 이러한 형상과 영상은 이 세계와 너무 동떨어져 보여 계획적으로 만들어진 것처럼 느껴진다. 아마도 이러한 이유로 해서 그 형상과 영상은 예술 작품 안에 합류하여 **서로 불가능한 경쟁을 벌이는 것 같으며, 이 경쟁에서는 광대무변의 것이 서로 대립한다.** 유혹의 뿌리는 깊다. 우리가 '무언 회화'의 매력을 이해하거나, 화가의 손을 거치지 않고 그려진 그림이 아무것도 재현하지 않기를 바라는 화가의 갑작스런 욕구를 이해하고자 할 때, 머릿속으로 유혹의 뿌리를 참조하는 것이 필요하다.

전통적으로 공인된 아름다움(고전풍의 예술가는 이

아름다움에 도달하려고 애쓴다)은 최고도의 인간 능력이 발휘되기를 요구하였다. 아름다움은 수련과 훈련에서 탄생되었다. 아름다움은 솜씨 좋게 구상되고 훌륭하게 제작된 작품을 통해 표현되었다. 신진 작가는 내가 조금 전에 '결정적인 한 걸음'이라 불렀던 것을 뛰어넘었다. 그가 진정으로 원치 않았지만 세태의 변화로 어쩔 수 없이 재능과 무능이 뒤바뀌게 된 날, 신진 작가는 그 세태의 변화로부터 의식적으로 결론을 끌어내었다. 지금 신진 작가는 부자연스런 아름다움(그는 이 아름다움에 지쳤다)에 **생생한 천연미(天然美)**를 대비시킬 줄 안다. 인간은 그 어떤 계산이나 노력의 도움을 구하지 않는 이 천연미가 자신의 발 밑에서 완전히 무장한 채로 있다고 생각한다.

그래서 예술가는 자신의 작품 안에 모든 종류의 이질적 조각·폐물·이물(異物)을 합치시킬 생각을 하였다. 그는 받침돌 위에 구멍 뚫린 조약돌이나 부러진 나뭇가지를 올려 놓는다. 결국 그는 자연계를 구성하는 기본 원소의 힘을 신뢰하고, 그 힘의 숨겨진 재능 앞에 고개를 숙인다.

자연과의 경쟁에서 뒤져 의기소침해 보이는 이 예술가들은 **미의 창조자인 동시에 예술의 창조자인** 자연에 경의를 표한다. 무한소(無限小)의 이 차이점 안에 아마도 돌이킬 수 없는 개혁의 요소가 자리잡고 있을 것이다. 주변 세계에서 빌려오는 차용 행위를 통해 창작을 하는 예술가들, 즉 죽은 나뭇가지나 더러운 천조각, 물어뜯긴 척추골들을 모아 작품을 만드는 화가와 조각가들은, 앞에서 보았듯이 해초나 자갈·미생물의 사체들로 몸을 휘감았던 물맞이게류와 유사하게 행동한다. 또한 그들은 명확하지는 않지만 인지할 수 있는 순서에 맞추어 껍데기 위에 모든 종류의 석회암 파편들을 고착시키는 비단고둥처럼 행동하며, 색깔을 고려해 가면서 주변에서 찾을 수 있는 **거의 모든 것으로** 둥지와 마당을 장식하는 새들처럼 행동한다. 한 마디로 말해서, 화가와 조각가 들은 자연의 아름다움에 무엇인가를 추가하고자 하는 야망을 보이는 것 같은 희귀 생물들처럼 행동한다.

그것이 단지 우연의 일치라면, 이 묘한 우연은 허상에 지나지 않음을 인정해야 한다. 그러나 그것은 별로 중요하지 않다. 예술가는 그 자신마저 무시했던 이 뜻밖의 횡재를 함으로써, 기교와 노고의 결과로 탄생된 아름다움으로부터 그를 쉽게 해주는 **태고의 확실한 '익명성'**을 숭배한다는 의식을 가지고 있다는 말이 더 설득력이 있다.

특히 더 완벽하게 자연을 닮으려는 의도나 자신의 영역에서 자연을 쳐부수려는 의도에서, 예술가는 모든 것을 우연에 맡기려 한다. 그래서 그는 모든 의식적인 개입, 모든 주저, 모든 선택, 뛰어난 솜씨에의 의존, 통제를 통한 구조(救助)를 철저히 거부한다. 예술가는 자신의 작업 결과(하지만 예술가는 아직도 작업 행위를 보여 주는가?)가 완전히 우연적이기를 바란다. 따라서 예술가는 지적이나 계획적인 작업의 흔적이 조금이라도 **자신의 작업 결과 안에 끼어들지 못하도록 노력한다.** 예술가는 본인 작품의 탄생 기원을 자기 자신으로부터 너무도 완벽하게 격리시키려고 노력하여, 악의적인 비판자라도 그가 그런 노력을 한다는 의심을 전혀 할 수 없다.

예술가는 눈을 가리고서 또는 어둠 속에서 그림을

그리거나, 우연히 잡은 튜브의 물감을 힘차게 분출시
킨다. 심지어는 창작에 필요한 행동의 선택을 스스로
금하기도 한다. 어떤 예술가는 자동차를 압축기에 넣
어, 거기서 나온 고철 덩어리를 조각으로 출품하기도
한다. 또 어떤 예술가는 자원 관람객에게 물감통을 멀
리 어둠 속에서 아무렇게나 던져 터뜨리라고 권하는데,
그 결과 터져 나온 물감이 그림을 그린다. 다른 경우에
는 원하는 대로 물감 방출을 제어하거나 조절하지 못
하고서, 급작스럽게 물체를 이동시키는 관성 에너지를
따르는 맹목적인 분출 방식이나 물감튀기기 방식으로
그림을 그린다.

창작 방식이 거칠수록 더 평가를 받는다. 그러한 방
식은 의심스런 조작이나 계략·후회에 좀더 적은 자리
와 시간을 남겨 주기 때문이다. 그래서 **돌발적인 창작
방식**을 애호하게 된다.

자연은 느리게 진행된다. 자연은 지질학상의 기나긴
세월이나 오랜 기간 장엄하게 진행되는 침적(沈積) 작
용을 보여 줄 뿐만 아니라, 고온과 압력 같은 격렬한
작용(예를 들어 풍화 작용·액화 작용·기화 작용)이나,

가장 다루기 힘든 물질의 백열 현상과 용해 현상을 일으키는 여러 작용들도 보여 준다. 한정된 시간을 가진 인간은 어쩔 수 없이 **재빠른 방식을 취해야 한다.** 인간은 외적인 연금술(인간은 연금술에서 기적을 기대한다)을 슬그머니 섞는다는 의심에서 벗어나기를 원하는 만큼 더욱더 재빠르게 행동을 취해야 한다.

예술가는 생각할 시간을 생략하고 뛰어넘을 필요가 있다고 생각한다. 화가는 순간 에너지의 도움을 받아 붓을 폭발물로 바꾼다. 이런 방식을 취함으로써 거기서 일종의 즐거움을 느낀다 할지라도, 그가 원하는 것은 스캔들이 아니라 **근원적인 여러 힘들의 까다롭고 절대적인 순수함에 도달하는** 것이다.

운명적이고 불가피한 것만이 존재하는 곳에서 원(圓)의 양끝이 만났고, 모험도 끝났다. 끝없는 항해 후에 본래의 출발 해안으로 되돌아왔으며, 우연으로의 회귀와 '제1단계 형태'로의 회귀를 통해 순수성을 다시 획득한 것 같다. 하지만 회한(悔恨)의 감정이 남게 되는데, 이 회한의 감정은 인간이 오랫동안 자신의 정당성과 영예를 발견하였던 예전의 야망에 역행하는 향

수(鄕愁)의 감정이라 할 수 있다. 어쨌거나 이 회한의 감정이 **인간의 차이점**을 보여 주는 것이다. 인간은 해독 가능한 형태들, 즉 도시나 숲·문자·인간 얼굴의 영상, 혹은 인간이 만든 물건의 잡다한 형태들을 찾아내기를 좋아하였다. 이후 단순히 이 형태들을 떠올리는 것마저 (이 형태들이 갖는 유사성이 단지 막연하고 허망하다 할지라도) 너무도 큰 모독 행위로 간주되어, 아주 양심적인 예술가들은 마치 신에 대한 경외심을 보이듯이 그런 생각조차 회피한다.

로제 카이유와 (Roger Caillois)

1913~1978. 프랑스 랭스에서 출생. 파리고등사범학교를 졸업한 후 앙드레 브르통을 만나 초현실주의 운동에 참가하였다가 수 년 후에 결별. 38년 조르주 바타이유·미셸 레리스 등과 '사회학연구회'를 결성. 39~44년 문화사절로 아르헨티나에 건너가 '프랑스학회'를 창단. 48년 유네스코에 들어가 52년부터는 철학-인문과학에 관한 국제잡지 《디오게네스》를 간행하였으며, 이 잡지의 편집장으로서 말년까지 일하였다. 71년 '아카데미 프랑세즈' 회원. 로제 카이유와는 많은 저서를 남겼는데, 그의 저작은 시로부터 광물학, 미학으로부터 동물학, 신학으로부터 민속학에 이르기까지 폭넓은 주제를 다루고 있다. 주요 저서로는 《알페 강 *Le fleuve Alpée*》·《신화와 인간 *Le mythe et l'homme*》·《인간과 성(聖) *L'Homme et le Sacré*》·《놀이들과 인간들 *Les jeux et les hommes*》 등이 있다.

이경자

이화여자대학교 불어불문학과 졸업
파리 뚜르대학 불문학 박사
현재 이화여대, 서울여대, 건국대 강사
저서:《몰리에르》(건대출판부)
역서:《재미난 책읽기 지도》(중앙일보사)
《베르디》·《호안 미로》(시공사) 등

현대신서
15

일반미학

초판발행 : 1999년 1월 20일

지은이 : 로제 카이유와
옮긴이 : 이경자
펴낸이 : 辛成大
펴낸곳 : 東文選
제10-64호, 78.12.16 등록
서울 종로구 관훈동 74
전화:737-2795
팩스:723-4518

편집설계 : 조성희 / 한인숙

ISBN 89-8038-59-3 04130
ISBN 89-8038-050-X (세트)

38	인도종교미술	A. 무케르지 / 崔炳植	14,000원
39	힌두교 그림언어	안넬리제 外 / 全在星	9,000원
40	중국고대사회	許進雄 / 洪 熹	22,000원
41	중국문화개론	李宗桂 / 李宰碩	15,000원
42	龍鳳文化源流	王大有 / 林東錫	17,000원
43	甲骨學通論	王宇信 / 李宰錫	근간
44	朝鮮巫俗考	李能和 / 李在崑	12,000원
45	미술과 페미니즘	N. 부루드 外 / 扈承喜	9,000원
46	아프리카미술	P. 윌레뜨 / 崔炳植	10,000원
47	美의 歷程	李澤厚 / 尹壽榮	15,000원
48	曼茶羅의 神들	立川武藏 / 金龜山	10,000원
49	朝鮮歲時記	洪錫謨 外/李錫浩	30,000원
50	河 禾	蘇曉康 外 / 洪 熹	8,000원
51	武藝圖譜通志 實技解題	正 祖 / 沈雨晟·金光錫	15,000원
52	古文字學 첫걸음	李學勤 / 河永三	9,000원
53	體育美學	胡小明 / 閔永淑	10,000원
54	아시아 美術의 再發見	崔炳植	9,000원
55	曆과 占의 科學	永田久 / 沈雨晟	8,000원
56	中國小學史	胡奇光 / 李宰碩	20,000원
57	中國甲骨學史	吳浩坤 外 / 梁東淑	근간
58	꿈의 철학	劉文英 / 河永三	15,000원
59	女神들의 인도	立川武藏 / 金龜山	13,000원
60	性의 역사	J. L. 플랑드렝 / 편집부	18,000원
61	쉬르섹슈얼리티	W. 챠드윅 / 편집부	10,000원
62	여성속담사전	宋在璇	18,000원
63	박재서희곡선	朴栽緒	10,000원
64	東北民族源流	孫進己 / 林東錫	13,000원
65	朝鮮巫俗의 研究 (상·하)	赤松智城·秋葉隆 / 沈雨晟	28,000원
66	中國文學 속의 孤獨感	斯波六郎 / 尹壽榮	8,000원
67	한국사회주의 연극운동사	李康列	8,000원
68	스포츠 인류학	K. 블랑챠드 外 / 박기동 外	12,000원
69	리조복식도감	리팔찬	10,000원
70	娼 婦	A. 꼬르벵 / 李宗旼	20,000원
71	조선민요연구	高晶玉	30,000원
72	楚文化史	張正明	근간
73	시간 욕망 공포	A. 꼬르벵	근간
74	本國劍	金光錫	40,000원
75	노트와 반노트	E. 이오네스코 / 박형섭	8,000원

76	朝鮮美術史研究	尹喜淳	7,000원
77	拳法要訣	金光錫	10,000원
78	艸衣選集	艸衣意恂 / 林鍾旭	14,000원
79	漢語音韻學講義	董少文 / 林東錫	10,000원
80	이오네스코 연극미학	C. 위베르 / 박형섭	9,000원
81	中國文字訓詁學辭典	全廣鎭 편역	15,000원
82	상말속담사전	宋在璇	10,000원
83	書法論叢	沈尹默 / 郭魯鳳	8,000원
84	침실의 문화사	P. 디비 / 편집부	9,000원
85	禮의 精神	柳肅 / 洪熹	10,000원
86	조선공예개관	日本民芸協會 편 / 沈雨晟	30,000원
87	性愛의 社會史	J. 솔레 / 李宗旼	12,000원
88	러시아 미술사	A. I. 조토프 / 이건수	16,000원
89	中國書藝論文選	郭魯鳳 選譯	18,000원
90	朝鮮美術史	關野貞	근간
91	美術版 탄트라	P. 로슨 / 편집부	8,000원
92	군달리니	A. 무케르지 / 편집부	9,000원
93	카마수트라	바쨔야나 / 鄭泰爀	10,000원
94	중국언어학총론	J. 노먼 / 全廣鎭	18,000원
95	運氣學說	任應秋 / 李宰碩	8,000원
96	동물속담사전	宋在璇	20,000원
97	자본주의의 아비투스	P. 부르디외 / 최종철	6,000원
98	宗敎學入門	F. 막스 뮐러 / 金龜山	10,000원
99	변 화	P. 바츨라빅크 外 / 박인철	10,000원
100	우리나라 민속놀이	沈雨晟	15,000원
101	歌 訣	李宰碩 편역	20,000원
102	아니마와 아니무스	A. 융 / 박해순	8,000원
103	나, 너, 우리	L. 이리가라이 / 박정오	10,000원
104	베케트 연극론	M. 푸크레 / 박형섭	8,000원
105	포르노그래피	A. 드워킨 / 유혜련	12,000원
106	셸 링	M. 하이데거 / 최상욱	12,000원
107	프랑수아 비용	宋勉	18,000원
108	중국서예 80제	郭魯鳳 편역	16,000원
109	性과 미디어	W. B. 키 / 박해순	12,000원
110	中國正史朝鮮列國傳 (전2권)	金聲九 편역	120,000원
111	질병의 기원	T. 매큐언 / 서일 · 박종연	12,000원
112	과학과 젠더	E. F. 켈러 / 민경숙 · 이현주	10,000원
113	물질문명 · 경제 · 자본주의	F. 브로델 / 이문숙 外	절판

114 이탈리아인 태고의 지혜	G. 비코 / 李源斗	8,000원
115 中國武俠史	陳 山 / 姜鳳求	12,000원
116 공포의 권력	J. 크리스테바 / 서민원	근간
117 주색잡기속담사전	宋在璇	15,000원
118 죽음 앞에 선 인간 (상·하)	P. 아리에스 / 劉仙子	각권 8,000원
119 철학에 관하여	L. 알튀세르 / 서관모·백승욱	10,000원
120 다른 곳	J. 데리다 / 김다은·이혜지	8,000원
121 문학비평방법론	D. 베르제 外 / 민혜숙	12,000원
122 자기의 테크놀로지	M. 푸코 / 이희원	12,000원
123 새로운 학문	G. 비코 / 李源斗	22,000원
124 천재와 광기	P. 브르노 / 김웅권	13,000원
125 중국은사문화	馬 華·陳正宏 / 강경범·천현경	12,000원
126 푸코와 페미니즘	C. 라마자노글루 外 / 최 영 外	16,000원
127 역사주의	P. 해밀턴 / 임옥희	12,000원
128 中國書藝美學	宋 民 / 郭魯鳳	16,000원
129 죽음의 역사	P. 아리에스 / 이종민	13,000원
130 돈속담사전	宋在璇 편	15,000원
131 동양극장과 연극인들	김영무	15,000원
132 生育神과 性巫術	宋兆麟 / 洪 熹	20,000원
133 미학의 핵심	M. M. 이턴 / 유호전	14,000원
134 전사와 농민	J. 뒤비 / 최생열	근간
135 여성의 상태	N. 에니크 / 서민원	근간
136 중세의 지식인	자크 르 코프 / 최애리	근간
137 구조주의의 역사(전4권)	프랑수아 도스 / 이봉지 外	각권 13,000원
138 글쓰기의 문제해결적 전략	L. 플라워 / 원진숙·황정현	18,000원
139 음식속담사전	宋在璇 편	16,000원
140 고전수필개론	權 瑚	16,000원
141 예술의 규칙들	P. 부르디외 / 하태환	근간
142 사회를 보호해야 한다	M. 푸코 / 박정자	18,000원

【롤랑 바르트 전집】

▨ 현대의 신화	이화여대 기호학 연구소 옮김	15,000원
▨ 모드의 체계	이화여대 기호학 연구소 옮김	18,000원
▨ 텍스트의 즐거움	김희영 옮김	10,000원
▨ 라신에 관하여	남수인 옮김	10,000원

【東文選 現代新書】

| ▨ 우리는 무엇을 아는가 | T. 나겔 / 오영미 | 5,000원 |

▨ 히스테리 사례분석	S. 프로이트 / 태혜숙	7,000원
▨ 에쁘롱	J. 데리다 / 김다은	7,000원
▨ 정치학이란 무엇인가	K. 미노그 / 이정철	6,000원
▨ 사랑의 지혜	A. 핑켈크로트 / 권유현	6,000원
▨ 불교란 무엇인가	D. 키언 / 고길환	6,000원
▨ 텔레비전에 대하여	P. 부르디외 / 현택수	7,000원
▨ 유대교란 무엇인가	N. 솔로몬 / 최창모	6,000원
▨ 강의에 대한 강의	P. 부르디외 / 현택수	6,000원
▨ 청소년을 위한 철학교실	A. 자카르 / 장혜영	7,000원
▨ 일반미학	R. 카이유와 / 이경자	6,000원
▨ 문학이론	J. 컬러 / 이은경 · 임옥희	7,000원

【完譯詳註 漢典大系】

1 說 苑 · 上	林東錫 譯註	30,000원
2 說 苑 · 下	林東錫 譯註	30,000원
3 韓詩外傳	林東錫 譯註	근간
4 晏子春秋	林東錫 譯註	30,000원
5 潛夫論		근간
14 西京雜記	林東錫 譯註	20,000원
16 搜神記 · 上	林東錫 譯註	30,000원
17 搜神記 · 下	林東錫 譯註	30,000원

【한글고전총서】

1 설원 · 상	임동석 옮김	7,000원
2 설원 · 중	임동석 옮김	7,000원
3 설원 · 하	임동석 옮김	7,000원
4 안자춘추	임동석 옮김	8,000원
5 수신기 · 상	임동석 옮김	8,000원
6 수신기 · 하	임동석 옮김	8,000원

【李外秀 작품집】

▨ 겨울나기	7,000원
▨ 꿈꾸는 식물	6,000원
▨ 내 잠 속에 비 내리는데	6,000원
▨ 들 개	7,000원
▨ 말더듬이의 겨울수첩	6,000원
▨ 벽오금학도	7,000원
▨ 장수하늘소	6,000원

■ 칼   7,000원
■ 풀꽃 술잔 나비   4,000원
■ 황금비늘(전2권)   각권 7,000원
■ 그대에게 던지는 사랑의 그물   7,000원

【趙炳華 작품집】

■ 공존의 이유   5,000원
■ 그리움   7,000원
■ 그리운 사람이 있다는 것은   5,000원
■ 길   10,000원
■ 개구리의 명상   3,000원
■ 꿈   10,000원
■ 버리고 싶은 우산   3,000원
■ 사랑의 노숙   4,000원
■ 사랑의 여백   5,000원
■ 사랑이 가기 전에   4,000원
■ 아내의 방   4,000원
■ 잠 잃은 밤에   3,400원
■ 패각의 침실   3,000원
■ 하루만의 위안   3,000원

【기 타】

■ 甲骨文合集 (전18권)   60만원
■ 古陶文字徵   高 明·葛英會   20,000원
■ 古文字類編   高 明   24,000원
■ 金文編   容 庚   36,000원
■ 隷字編   洪釣陶   40,000원
■ 古文字學論集 (第一輯)   中國古文字學會 편   12,000원
■ 경제적 공포   V. 포레스테 / 김주경   7,000원
■ 서기 1000년과 서기 2000년 J. 뒤비 / 양영란   8,000원
  그 두려움의 흔적들
■ 미래를 원한다   J. D. 로스네 / 문 선·김덕회   8,500원
■ 밀레니엄 버그   S. 리브·C. 맥기 / 편집부   8,000원
■ 잠수복과 나비   J. D. 보비 / 양영란   6,000원
■ 그로 깔랭   에밀 아자르 / 지정숙   3,000원
■ 그리하여 어느날 사랑이여 李外秀 편   4,000원
■ 노력을 대신하는 것은 없다 R. 쉬이 / 유혜련   5,000원
■ 서비스는 유행을 타지 않는다 B. 바게트 / 정소영   5,000원

■ 인생은 앞유리를 통해서 보라	B. 바게트 / 박해순	5,000원
■ 못잊어	김소월 시집	3,000원
■ 사랑의 존재	한용운 시집	3,000원
■ 산이 높으면 마땅히 우러러볼 일이다	劉 向 / 林東錫	5,000원
■ 선종이야기	熹 편저	8,000원
	陽	42,000원
	秀 편	6,000원
	慶 / 洪 熹	5,000원
	근 연작시집	3,000원
	命撰	60,000원
	인민잡지사	3,400원
	中	5,000원
	레망 / 양영란	각권 6,000원
		8,000원

東文選 文藝新書 129

죽음의 역사

P. 아리에스 　　[著]

李宗旼 　[譯]

　지구상에 존재하는 모든 피조물은 시작과 끝이라는 존재의 본 원적인 한계성을 지니고 있다. 인간 역시 이러한 자연의 법칙에 서 결코 벗어날 수 없는 한계성을 인식하고 있다. 그러나 인간 존 재의 시작을 의미하는 탄생에 관해서는 그 실체가 이미 과학적으 로 규명되고 있지만, 종착점으로서의 죽음은 인간들의 끊임없는 연구와 노력에도 불구하고 오늘날까지 이렇다 할 구체적인 모습 을 드러내지 못하고 있는 것이 현실이다. 이유는 간단하다. 과학 적으로 죽음이라는 현상 자체는 규명되었다 할지라도, 그 이후의 세계는 어느 누구도 경험하지 못한 때문일 것이다. 물론 죽음이 나 저세상을 경험했다는 류의 흥미로운 기사거리나 서적 들이 우 리의 주변에 널려 있는 것은 사실이지만, 이는 어디까지나 임사 상태에 이른 사람들의 이야기일 뿐 실지로 의학적으로 완전한 사 망을 토대로 한 것은 아니다. 말하자면 진정한 죽음의 상태를 경 험한 사람은 존재치 않기 때문에 죽음은 더욱더 우리 인간들의 호기심과 두려움을 자극하는 대상이 되고 있을지도 모른다.

　아무튼 본서는 아득한 옛날부터 현재에 이르기까지 사람들은 어떻게 죽음을 맞이하고 생각했는가?라는 사람들의 호기심에 답 하듯 죽음을 연구대상으로 삼은 역사서이다. 따라서 죽음의 이미 지가 어떻게 변해 왔는지, 또 인간은 자신의 죽음을 앞에 두고 어 떻게 행동했으며 타인의 죽음에 대해 어떤 생각을 품고 있었는지 를 추적한다. 그리하여 역사 이래 인간의 항구적 거주지로서의 묘지로부터 죽음과 문화와의 관계를 파악하면서 묘비와 묘비명, 비문과 횡와상, 기도상, 장례 절차, 매장 풍습, 나아가 20세기 미 국의 상업화된 죽음의 이미지를 추적한다.

롤랑 바르트 전집 3

현대의 신화

이화여대 기호학 연구소 【옮김】

    이 책에서 바르트가 분석하고자 한 것은, 부르주아사회가 자연스럽게 생각하고 자명한 것으로 생각해 버려서 마치 신화처럼 되어 버린 현상들이다. 그것은 1950년대 중반부터 60년대 초까지 프랑스 사회에서 일어나고 있는 현상이지만, 이미 과거의 것이 되어 버린 것이 아니라 오늘날에도 유효한 것이기 때문에 독자들의 많은 관심을 불러일으키고 있다. 저자가 이책에서 보이고 있는 예리한 관찰과 분석, 그리고 거기에 대한 명석한 해석은 독자에게 감탄과 감동을 체험하게 하고 사물을 보는 새로운 눈을 뜨게 한다. 특히 후기 산업사회에 들어와서 반성 없이 이루어지고 있는 것, 가벼운 재미로만 이루어지면서도 대중을 지배하는 모든 것에 대해서 이 책은, 그것들이 그렇게 자연스런 것이 아니라는 것, 자명한 것이 아니라는 것을 알게 한다. 사회의 모든 현상이 숨은 의미를 감추고 있는 기호들이라고 생각하는 이 책은, 우리가 그 기호들의 의미 현상을 알고 있는 한 그 기호들을 그처럼 편안하게 소비하고 있을 수 없다는 것을 우리에게 알게 한다.

    이 책은 바르트 기호학이 완성되기 전에 씌어진 저작이기 때문에 엄밀한 의미에서 바르트 기호학을 대표하는 것은 아니지만, 그러나 그의 타고난 기호학적 감각과 현란한 문체로 이루어져 있어서 그의 기호학이론에 완전히 부합되고 있을 뿐만 아니라, 그의 텍스트 실천이론에도 상당히 관련되어 있어서 바르트 자신의 대표적 저작이라 할 수 있다.

현대신서 11 : 옥스퍼드대학 철학입문

우리는 무엇을 아는가

토머스 나겔

오영미 [옮김]

보통 사람들에게 철학의 어려운 질문들이 문제시되어야 하는가? 저자는 왜 철학의 문제들이 수세기에 걸쳐 끊임없이 사상가들을 매료시키고, 또 당혹케 해왔는지를 생생하고 이해하기 쉬운 산문체의 글을 통해 밝힘으로써 그 문제들을 새롭게 조명한다.

철학에 대해 배우는 가장 좋은 방법은 그 문제와 정면으로 부딪히는 것이라고 주장하면서, 그는 우리가 스스로에게 던질 수 있는 가장 중요한 몇 가지 질문들을 시작한다. 우리는 진정으로 자유 의지를 가질 수 있는가? 우리는 왜 도덕적이어야 하는가? 우리의 정신과 두뇌 사이에는 어떤 관계가 있는가? 사후에 삶이 존재하는가? 우리는 죽음에 대해 어떻게 느껴야 하는가? 수십억 광년의 거리를 가진 거대한 우주에서 우리가 살아가면서 행하는 어떤 것이 정말로 중요한가? 만약 그게 중요하지 않다면, 중요하지 않다는 그 사실이 또 문제가 되는가? 이러한 것들은 우리가 인간의 상황에 대해 던지는 영원한 질문들이며 나겔은 그것들을, 그리고 그와 유사한 다른 문제들을 사려 깊고 분명하게 그러면서도 유머를 가지고 탐구한다. 그는 자신의 의견을 자유롭게 토로하지만, 언제나 스스로 사고하도록 독자들을 격려함으로써 독자들이 다른 해답을 찾을 수 있는 여지를 남겨두는 참신함과 겸손을 잃지 않는다.

東文選 文藝新書 124

천재와 광기

—— 미술과 음악, 그리고 문학에서

P. 브르노 [著]   김웅권 [譯]

　범인들은 예외적 인물, 비범한 인물, 즉 천재를 꿈꾸지만 천재가 짊어져야 할 고통에 대해서 생각해 보는 경우는 드물다. 그들 대부분은 안정을 파괴하는 변화를 두려워하고, 기존 질서와 가치체계에 순응하며 길들여진 대로 살아간다. 그러면서 동시에 주어진 삶의 틀을 부수고, 세계의 변혁과 역사 창조의 주역이 되는 천재를 꿈꾸는 모순된 욕망을 드러낸다. 하기야 인간 존재 자체가 모순 덩어리가 아니던가.

　『천재는 모든 사람들을 닮아 있지만, 아무도 그를 닮을 수 없다』고 저자는 말하고 있다. 천재는 그만이 가지고 있는 특별하고 독창적인 자질을 범인들은 가질 수 없기에 아무도 그를 닮을 수 없는 것이다. 이 비범한 자질이 그로 하여금 몸담고 있는 사회에 반항하게 하며 새로운 세계를 꿈꾸게 한다. 그러나 그것은 또한 그를 사회로부터 소외시켜 고통을 안겨 주고 광기를 부추긴다. 천재는 기존의 세계로부터 단절되지 않을 수 없으며, 단절은 광기를 부르고, 광기는 그를 병적 상태로 몰고 간다. 여기에서 해방되기 위해 그는 작품을 창조하는 산고(産苦)의 세월을 보내야 하는 것이다. 일반적으로 그의 운명은 예술 분야에서, 특히 언어예술 분야에서 비극적인 경우가 많으며, 이 비극의 중심에 광기의 그림자가 드리워져 있다.

　광기, 그것은 천재의 필연적 속성인가? 정신과 의사이자 인류학자인 저자는, 이런 근본적인 질문에 대해 다양한 관련 테마들을 유기적으로 연결시키면서 접근하고 있다. 그는 천재들에 대한 존경과 따뜻한 애정을 가지고 예술작품이 지닌 신비성의 한계에 도전하면서도, 이것이 결국에는 신비로 남아 있음을 인정한다. 만약 어떤 예술작품이 하나의 도식적인 해석에 의해 완전히 파헤쳐진다면, 그것의 가치는 금방 추락의 길을 내달릴 수밖에 없을 것이다. 그것이 커다란 신비로 남아 있을 때, 그것의 위대성은 지속적으로 독자의 마음에 울려 온다.

경제적 공포

비비안느 포레스테   김주경 [옮김]

"우리의 일자리를 가로채 놓고, 그것도 모자라 부끄러운 줄도 모르고 감히 임금 인상까지 요구하다니!"

아직 일자리를 갖고 있는 사람, 비록 봉급은 얼마 안 되지만 그래도 실직당하지 않고 일하러 다니는 사람을 보면, 〈제거된 지방질〉은 그를 일종의 특혜자로 여긴다. 남의 이익을 가로챈 자가 바로 그자라고 여기는 것이다. 진짜 특권자들이 한껏 누리고 있는 특혜는 단 한번도 문제삼아 본 일이 없으면서!

피도 눈물도 없이 냉정하게 퍼져가고 있는 불안감 속에서 떨고 있는 자들 중, 극히 미미한 숫자의 사람들만이 싸구려 일감을 차지하는 혜택을 입게 될 것이다. 그렇다고 해서 그들이 빈곤으로부터 벗어날 수 있는 것은 아니다. 그리고 그 외의 사람들은 여전히 모욕감과 박탈감, 그리고 위기감을 동반하는 불안감에 떨고 있게 된다. 어떤 삶은 그 불안감 때문에 단축되기도 할 것이다.

- 착취당할 기회조차 없는 〈쓸모없는 잉여존재〉들
- 노동의 부재는 神이 내린 은총?
- 〈살아갈 권리〉를 갖기 위해서는 〈살아남을 자격〉이 필요한가?
- 〈추방된 자〉에서 〈배제된 자〉로, 그리고 〈제거된 자〉로
- 수익성을 올리는 데 이용할 가치가 없는 자들의 삶이 과연 우리 사회에 〈유용〉할까?
- 〈착취〉〈투쟁〉〈계층〉…, 아직도 이런 촌스러운 어휘를 사용하고 있다니!
- 해결책이 없을 수도 있다.
- 신조어 〈고용될 수 있는 능력〉, 〈그럴 듯한 보장〉의 허구성
- 머지않아 다시 흡수할 것이라고 한없이 되풀이되는 헛된 약속을 믿고 싶어하는 이유
- 〈제거된 지방질〉이 기댈 수 있는 마지막 방책이란?
- 우리 인생에는 〈이용당하는 것〉 외에는 다른 〈일〉이란 절대로 존재할 수 없는가?

프랑스 비소설부문 장기 베스트셀러 1위
[메디치賞] 수상, 17개국 번역중